DIE STRUKTUR DER MODERNEN WIRTSCHAFT

EIN ÜBERBLICK ÜBER DIE ZUSAMMENHÄNGE, DIE GESTALTUNGEN UND KRÄFTE IN DER VOLKSWIRTSCHAFT

VON

DR. MAX MUSS

O. PROFESSOR DER VOLKSWIRTSCHAFTSLEHRE
AN DER TECHNISCHEN HOCHSCHULE
DARMSTADT

WALTER DE GRUYTER & CO.

VORMALS G. J. GÖSCHENSCHE VERLAGSHANDLUNG — J. GUTTENTAG, VERLAGSBUCHHANDLUNG — GEORG REIMER — KARL J. TRÜBNER — VEIT & COMP.

BERLIN W 10 UND LEIPZIG 1935

Archiv-Nr. 13 17 34
Druck von Walter de Gruyter & Co., Berlin W 10
Printed in Germany

Vorwort.

Diese Darstellung sollte ursprünglich in einem anderen Rahmen erscheinen. Aus dem Grunde ist ihre Fassung möglichst knapp gehalten worden. Das bringt Nachteile, aber wohl auch Vorteile mit sich. Die gedrängte Form kann aus dem übergroßen Reichtum der die Volkswirtschaft gestaltenden Erscheinungen nur das Wesentliche ergreifen. Doch soll sie deren Fülle und Verschlungenheit empfinden lassen.

Im Zielpunkte steht die Gegenwart; die Darstellung beschränkt sich auf das tatsächlich Bestehende. Somit ist sie nicht eigentlich politisch, nicht in dem Sinne, daß sie Ziele setzt und Wege weist. Vielleicht aber vermag sie die Erkenntnisse zu fördern, die nötig sind, um Ziele und Wege zu finden. Denn jede Zukunft wurzelt in der Gegenwart. Jedes politische Wollen muß mit den Gegebenheiten seiner Gegenwart rechnen. Diese unter dem geeigneten Gesichtswinkel ins Bewußtsein heben, ist der Dienst, den wissenschaftliche Arbeit der Politik zu leisten vermag.

Darmstadt, im November 1934

Max Muss.

Inhalt.

I. Einleitung.

Der Strukturcharakter der Wirtschaft.

1. Der Begriff der Wirtschaftsstruktur.

Selbst dem flüchtigen Beobachter mag es auffallen, wie oft neuerdings in der Wissenschaft von „Struktur" die Rede ist. Kommt darin bloß eine Wortmode zum Ausdruck, wie sie auch im wissenschaftlichen Sprachgebrauch hin und wieder auftritt, oder verbirgt sich dahinter eine neue oder doch vordringende Art der Betrachtung selbst? Es scheint, daß das letztere der Fall ist. Der ursprünglich naturwissenschaftliche Begriff der Struktur ist mehr und mehr in die Geisteswissenschaften und namentlich in die Gesellschaftswissenschaften übernommen worden, weil sich die Betrachtung immer häufiger auf große, komplexe Einheiten richtet, an denen wissenschaftlich nicht zum wenigsten bedeutsam ist, wie ihre Teile zueinander geordnet sind. Strukturbetrachtung geht immer aus von der Erfassung eines Forschungsgegenstandes als etwas in sich Zusammenhängenden, Quasi-Körperhaften, dessen Wesen sich zunächst in der Tatsache ausdrückt, daß sich die Frage nach einer inneren Einteilung und damit der gegenseitigen Bedingtheit der Teile an ihn richten läßt. In diesem Sinne gehört die Strukturforschung zur Ganzheitsbetrachtung. Sie will den wahrnehmbaren Gliederungen innerhalb ihres als Ganzes, als Einheit, genommenen Objektes nachgehen und den Zusammenhang der so bezeichneten Teile aufdecken. So einleuchtend ein derartiges Verfahren in denjenigen Wissenschaften sein mag, deren Gegenstände sinnlich erfaßbar sind, so unbestimmt erscheint es in solchen Forschungsgebieten, in denen die Gestalt der Einheit nicht sinnlich gegeben ist, sondern erst aus Beobachtungen und Erwägungen auf ein vorgefaßtes Erkenntnisziel hin gedanklich umrissen werden muß. Das ist in allen Gesellschaftswissenschaften der Fall, d. h. immer da, wo der Mensch nicht als Einzelwesen, sondern als eine Massenerscheinung betrachtet wird, deren Bedingungen in irgendwelchen Hinsichten man festzustellen unternimmt. Inwiefern auch die menschliche Wirtschaft als etwas angesehen werden kann, was in sich zusammenhängt, eine Einheit bildet und auf die Ordnung seines Baues hin untersucht zu werden vermag, muß zuvor erwiesen werden.

Wirtschaften ist notwendig mit dem Leben verbunden. Wir kennen — außer im Märchen — keinen Zustand, in dem der Mensch zu leben vermöchte ohne Sorge und Anstrengung, Denken und Handeln für die Fristung seines Daseins. Die Summe dieses Mühens um die Güter des Lebens macht das Wirtschaften aus. Und es liegt im Wesen der menschlichen Natur, daß in die immer aufs neue erforderliche wirtschaftliche Tätigkeit unter allen Umständen eine gewisse Regelmäßigkeit kommt, bald mehr, bald weniger. Denn Geistesart, Herkommen und Umwelt lassen immer wieder die Bedürfnisse nach bestimmten Richtungen drängen und ihre Deckung von den begrenzten Möglichkeiten einengen. In der dauernden Spannung zwischen der Bedarfsempfindung und den Schwierigkeiten ihrer Befriedigung hilft nur die Ausbildung einer zweckgerichteten Ordnung der Mittel und Wege, eine Regelung des wirtschaftlichen Daseinskampfes, die mehr oder minder vollkommen sein mag, immer aber vorhanden ist, weil der Mensch mit dem Stachel des Bedürfnisses zugleich auch das Beharrungsstreben seiner Kräfte, den Drang zur Kraftsparung empfindet. Das drängt den Geist zur irgendwie gearteten Schematisierung der Mittel. Welchen Sinn der Mensch auch immer mit dem Prinzip verbindet, nach dem er Geräte, Waffen, Werkzeuge, Maschinen und andere sachliche Hilfsmittel formt, verwendet, verbessert und mit seiner eigenen Kraftanspannung vereinigt — stets ergeben sich Zusammenstellungen wirtschaftlicher Mittel, die für bestimmte Lebenskreise bestimmte Gleichmäßigkeiten aufweisen; auch ihre Benutzung verläuft in gewisser Gleichmäßigkeit. So, aus einer Ordnung von Mitteln und Handlungen des Wirtschaftens ergibt sich das Bild der Wirtschaft.

Daß es keine Menschengruppen ohne Wirtschaft gibt, ist jetzt wohl allgemein anerkannt. Die „individuelle Nahrungssuche", die Karl Bücher[1]) als Zustand ohne Wirtschaft bei sehr niedrigstehenden Primitiven feststellen will,

[1]) Die Entstehung der Volkswirtschaft. Erste Sammlung. 12. u. 13. Aufl Tübingen 1919 S. 27 ff.

ist eben auch eine Form der Wirtschaft. Auch die schweifenden Völkchen in unwirtlichen Gegenden Ceylons, Sumatras, Australiens und anderswo haben Geräte und Waffen und bestimmte Gewohnheiten, nach denen sie mühselig ihren üblichen Lebensbedarf beschaffen. Sie können es nicht ganz ohne Denken, Planen und Kraftschonen tun. Daß die Sorge für die Zukunft und das sogenannte wirtschaftliche Prinzip, das Handeln mit geringstem Kraftmaß, bei ihnen nur geringe Geltung hat, kann nicht entscheidend sein. Das kommt auch anderswo manchmal zu kurz.

Diese Ordnung, die jeweils in der Wirtschaft wahrzunehmen ist, gilt es aufzusuchen und in ihren einzelnen Zügen festzuhalten, wenn die Struktur der betreffenden Wirtschaft aufgenommen werden soll. Die Eigenart der Aufgabe wird deutlicher, sobald der Blick sich auf den lebendigen Urgrund des Wirtschaftens, den Menschen, richtet.

Alle wirtschaftliche Tätigkeit geht aus vom Menschen und zielt auf den Menschen hin, auf die Beseitigung seiner Mangelempfindungen, die Förderung seines Wohlbefindens. Aber regelmäßig ist niemals der einzelne Mensch für sich allein Träger und Zielpunkt des Wirtschaftens. Immer und überall, wo nicht einzelne künstlich abgetrennt sind, ist es eine Mehrheit von Menschen, die für sich gemeinsam wirtschaftet. Die Gemeinschaft ist naturnotwendig. Nur unter besonders günstigen Bedingungen des Klimas, der Flora, Fauna und der sonstigen Naturgaben wäre es für den vereinzelten Menschen möglich, sein Dasein ganz aus eigenen Kräften zu erhalten. Niemals würde das aber das Kind können, selten nur der Greis. Aber selbst soweit es möglich wäre, würden nur wenige solche Vereinzelung erstreben. Denn der Mensch ist ein geselliges Wesen. Ihn drängen nicht nur vernunftmäßige Überlegungen zu Verbindungen mit seinesgleichen, vielmehr schon tiefste, ursprünglichste Triebe. Die unterste Gemeinschaft, von der Natur unmittelbar gegeben, ist die Familie. Sie bildet auch die ursprünglichste Gemeinschaft für das Wirtschaften. Freilich ist der Kreis der Blutsverwandten, selbst wenn er in der Weite der Großfamilie wirtschaftlich zusammenwirkt, doch nur die kleinste Vereinigung, in der das Wirtschaften auf sich selber beruhen kann. Auf möglichste Ausdehnung des Personenkreises drängen schon die Umstände, daß das von der Natur unmittelbar Gegebene nur unter Anstrengungen dem Menschen nutzbar gemacht werden kann, und daß nur die gemeinschaftliche und geordnete Tätigkeit einer größeren Anzahl imstande ist, die Deckung der Bedürfnisse über den tiefsten Stand hinaus für jeden einzelnen mit

Sicherheit zu erreichen. Dieser Umstand, daß Wirtschaften ein gesellschaftlicher Vorgang ist, und daß es sich in den verschiedensten Weiten mit den verschiedenartigsten Bindungen unter den einbezogenen Menschen vollzieht, ist die Grundtatsache, aus der sich der Strukturcharakter der Wirtschaft ergibt. Denn die Art der Verbindung zwischen den wirtschaftenden Menschen äußert sich in den Einrichtungen und den Bewegungen des Wirtschaftens, und eben deren Anordnung ist es, was die Struktur der Wirtschaft darstellt.

2. Die Erkenntnis der Wirtschaftsstruktur.

Wird das Wirtschaften als ein Geflecht zusammenhängender Zweckhandlungen, die Wirtschaft als ein aus Einrichtungen und Zweckbewegungen körperhaft ineinandergefügter Bau gedacht, so fragt sich noch, was man an diesem Bau erkennen will. Je nach dem gesetzten Erkenntnisziel muß der Standort der Betrachtung gewählt werden; denn davon hängt die Richtung und auch die Erkennbarkeit der Ziele ab. Genauer gesagt: Zwei Möglichkeiten scheinen zur Wahl zu stehen. Als mögliche Ausgangspunkte gegeben erscheinen die Gesamtheit der Wirtschaftenden einerseits, der einzelne Wirtschaftende andererseits. Vom einen wie vom andern Standort aus kann die Struktur der Wirtschaft betrachtet werden, aber mit der Verschiedenheit der Betrachtungsrichtung ist auch ein Unterschied in der Erkennbarkeit verbunden. Von der Gesamtheit der Wirtschaftenden aus gesehen, erscheint diese als ein in sich geschlossenes Ganzes, erscheinen alle Teile in ihrer Zusammenfügung nur als Glieder des Ganzen, alle Vorgänge nur in ihrer Bedeutung für den Zweck des Ganzen. Auf diese Weise werden die verschiedenen Gestaltungen und Bewegungen zu dem letzten Zweck, der Bedürfnisbefriedigung der Gesamtheit, in Beziehung gebracht. Sie können in ihrer Wirksamkeit für den Gesamtdienst abgestuft, ihre Ausmaße können danach bewertet werden. Jede wirtschaftliche Einrichtung und jede wirtschaftliche Handlung erhalten Sinn und Stellung aus ihrem Verhältnis zum Gesamtzweck. In dieser Ganzheitsbetrachtung erscheint alles sinnvoll bezogen, dem zweckgeforderten Zusammenklang entweder entsprechend oder nicht. Indem aber die Fragestellung sich auf diesen Sinnzusammenhang unter den erkennbaren Einzelheiten richtet und damit den Bau der Wirtschaftsgesamtheit zu verstehen sucht, muß sie die treibenden Kräfte selbst außer acht lassen. Sie mißt und bewertet die Tatsachen, aber sie sieht sie nicht entstehen. Es ist eine Schau von oben her, die Perspektive eines kleinen Gottes. Daß alles das sich bildet und verändert, in unaufhörlicher Bewegung getrieben von Mangel, Gewohnheit, Leidenschaft und beschränktem Können vieler einzelner Menschen, das kommt in solcher Schau nicht zur Geltung. Die Frage ist, ob sich der Geist begnügen kann mit einem Einblick in die Sinnerfüllung des Wirtschaftsgefüges, ob nicht die Wissenschaft auch bei der Strukturbetrachtung die Frage nach dem Woher und Wohin zu stellen hat. Dem Menschen entspricht es, seine Welt aus Ursache und Wirkung zu erklären. Und diese Betrachtungsart liegt der Wirtschaft gegenüber um so näher, als deren Gebilde sichtbar aus dem kausalen Streben der wirtschaftenden Menschen zustande kommen. Aufzuspüren aber sind alle Beweggründe des wirtschaftlichen Tuns nur beim einzelnen Menschen, so einheitlich ihre Wirkungen auch zusammenstrahlen in dem Gedeihen der Gesamtheit und so streng auch die Wohlfahrt des einzelnen bedingt ist von der sinnentsprechenden Einfügung seines Wirtschaftens in die der Gesamtheit, durch deren Zusammenwirken erst die Wirtschaftszwecke erreicht werden. Im Einzelmenschen, hier, formen sich die Bedingungen des Lebens, auch des gesellschaftlichen, im Einzelmenschen wird das quellende, drängende Gefühl des Wollens festgestellt, hier entschließt sich die Tat — aus welchen Untergründen, nach welchen letzten Zielen, das sind Fragen für sich, Fragen, die nur Metaphysik zu klären unternehmen darf. Wenn auch der Mensch stets nur in sich und von sich aus empfindet, denkt und erkennt, so heißt das nicht, daß er stets nur an sich denkt und für sich handelt. Sein Gefühl, das ihn in den Mittelpunkt seiner selbst stellt, treibt ihn gleichzeitig zum Anschluß an andere. Er steht als Lebensträger auf sich allein, aber sein seelisches Leben greift über ihn hinaus. Sein Wollen kann, wie es einerseits auf ihn bezogen sein mag, andererseits auch in Richtung und Rhythmus mit andern zusammengehen. Und selbst soweit es unmittelbar ihm selber dienen soll, ist er oft auf das Zusammenwirken mit andern angewiesen. So ist das Gesellschaftsleben der Menschen voller Spannungen, die sich in der Gesamtheit aus dem Zusammentreffen der einzelmenschlichen Auswirkungen ergeben. Der Ort für die gesellschaftliche Erkenntnis ist der Ort solcher Spannungen. Und sie können doch nur erkannt werden, wenn ihre Antriebe klargelegt werden.

Deshalb wird auch die Darstellung der Wirtschaftsstruktur, wenn sie die wirkenden Kräfte mit erfassen will, nicht umhin können, vom einzelnen lebendigen Träger des Wirtschaftskörpers auszugehen und aufsteigend im Zusammenwirken aller Teile die Geschlossenheit des Wirtschaftsganzen zu zeigen. Im Mittelpunkt dieser Strukturanschauung steht die Tatsache des wirtschaftlichen Verbundenseins aller einzelnen, man kann auch sagen, der Umstand, daß jeder für sich unselbständig ist, zwar eigene Wege verfolgen kann, aber auf die Dauer doch nur in den Richtungen, in denen sich sein Wirken mit dem seiner Gesamtheit in der gemeinschaftlichen Wirtschaftserfüllung zusammenfindet.

3. Gestaltungsgrundsätze und Grundgestaltungen der Wirtschaftsstruktur.

Wie auch immer der Kreis von Menschen beschaffen sein mag, der tatsächlich zu der Deckung der wirtschaftlichen Bedürfnisse seiner einzelnen Mitglieder zusammenwirkt, es gibt stets nur zwei Grundmöglichkeiten eines solchen Zusammenwirkens. Man kann entweder zugleich miteinander und füreinander arbeiten oder nur miteinander. Es ist die Alternative entgeltlich oder unentgeltlich, die hier grundsätzlich scheidet. Wo im reinsten Falle die Entgeltlichkeit völlig fehlt, da muß ein Kreis familienhaft gemeinsam wirtschaften, nach außen abgeschlossen, im Innern nach dem Grundsatz einer für alle die Gesamtheit der Güter beschaffend, die nötig sind. Die Grundlinie eines solchen Wirtschaftszusammenhanges ist denkbar einfach. Es werden gemeinschaftlich Dinge und Leistungen hervorgebracht, die in der Gemeinschaft ohne Austausch selbst verbraucht werden, nur solche verbraucht, die selbst hervorgebracht sind. Bezeichnen wir die Gütergesamtheit mit G, den Verbrauch mit V, die Tatsache, daß es sich um Gegenstände für den eigenen Gebrauch handelt, mit e, so stellt sich der Vorgang von Erzeugung und Verbrauch in einem solchen Selbstversorgungskreis in dem formelhaften Ausdruck dar: $\boxed{G_e\ (-\ V)}$, mit Worten gesagt: Nur eigendienliche Güter werden bereitgestellt, und sie werden unmittelbar dem Verbrauch zugeführt.

Mit diesem Ausdruck ist der Inhalt der „geschlossenen Hauswirtschaft" bezeichnet, dieses Wirtschaftszustandes, den Karl Bücher als die erste Stufe der europäischen Wirtschaftsentwicklung ansieht. Wie dem auch sei — wir wollen uns hier nicht mit dem Streit um die historische Richtigkeit befassen —, auf jeden Fall zeigt ein derartiger Zustand der Selbstversorgung in Wirtschaftsgemeinschaft den grundsätzlich einfachsten Grundriß in der Reihe der möglichen Strukturbilder. Im einzelnen kann natürlich auch dabei noch die Wirtschaft sehr verschieden geordnet und das ausgeführte Strukturbild entsprechend verschiedenartig gegliedert sein. Ob nur Sippen- und Stammesangehörige gemeinsam wirtschaften oder auch Blutsfremde in die Gemeinschaft aufgenommen sind, ob und welche Arbeitsteilung herrscht, wie die typischen Einrichtungen beschaffen sind und benutzt werden — das ist neben anderem von Bedeutung für die Einzelgestaltung dieser einfachsten Wirtschaftsstruktur.

Bücher, der im Anschluß an Rodbertus die reichste Darstellung der „geschlossenen Hauswirtschaft" gibt [1]), liefert eine ganze Reihe von Beispielen, wie die Hauswirtschaft mit Sippenverfassung, mit Sklaverei und Hörigkeit, die Latifundienwirtschaft im antiken Rom, die germanische Fronhofswirtschaft usw. Freilich sind die historischen Formen nur selten reine Gestalten einer völlig sich selbst genügenden Gemeinwirtschaft. Zumeist besteht daneben noch ein Handelsverkehr, wenn auch nur ausnahmsweise und mit schwerfälligen Bräuchen. Oft aber sind solche Wirtschaftsgebilde doch nur riesige Einzelwirtschaften, Teile eines größeren Zusammenhanges, in dem schon regelmäßig Austausch von Sachgütern und Leistungen vor sich geht. Gewiß mag dann in solchen einheitlichen Wirtschaftsgebilden, wie z. B. einem römischen Gutshof, weitaus der größte Teil des Bedarfs selbst erzeugt und dieser Bedarf selbst überaus üppig ausgestaltet sein — die Wirtschaftsführung erschöpft sich in solchem Falle keineswegs mit der inneren Ordnung von Produktion und Konsumtion. Die Fäden der regelmäßigen Handlungen führen vielmehr auch aus diesem Gebilde zu fremden hinüber. Es mögen noch Neigung und Gesinnung das Gemeinschaftswirtschaften bevorzugen, die Isoliertheit ist jedoch aufgehoben; zur völligen Erfüllung des Wirtschaftszwecks wird tatsächlich eine Mehrheit von Wirtschaftskörpern, sehr oft sogar eine nicht grundsätzlich begrenzte Vielheit, mit herangezogen. Damit ist die Struktur des Ganzen schon anders, ausgedehnter und verwickelter. Derartige Fälle nicht ganz geschlossener Hauswirtschaft finden sich auch heute noch recht häufig, z. B. in Rußland, China, Indien usw. [2]). Zumeist handelt es sich darum, daß Großfamilien, größere Gruppen blutsverwandter Personen, die nach alter Sitte zusammenleben, in die vordringende europäische Wirtschaftsweise hineingezogen worden sind, aber die tief verwurzelte Lebensform noch soweit wie möglich bewahren.

---

[1]) a. a. O. S. 92ff.

[2]) Vgl. u. a. Richard Wilhelm, Die chinesische Wirtschaftspsychologie, Leipzig 1930. E. A. Roß, Raum für alle? Berlin u. Leipzig 1919 S. 157.

An dem reinen Fall der geschlossenen Hauswirtschaft ist für die Struktur zweierlei wesentlich: Daß es sich um eine selbständige, von einem einheitlichen Willen gelenkte, unter irgendeinem Oberhaupt wirkende Wirtschaftseinheit handelt, eine *Einzelwirtschaft* also, und daß diese in sich vollständig, ein wirtschaftlicher Mikrokosmos, ist.

Das Grundgefüge der Einzelwirtschaft sieht anders aus, wenn sie in regelmäßigem Tauschverkehr mit andern Einzelwirtschaften verknüpft ist. Die Selbstgenügsamkeit ist aufgegeben, zum mindesten ein Teil des Bedarfs wird mit Gütern aus fremden Einzelwirtschaften gedeckt. Andererseits muß in demselben Maße bei der Gütererzeugung an die Stelle der Rücksicht auf den eigenen Bedarf die auf die Eigenart fremder Wünsche treten. Das für den fremden Konsum bereitgestellte Gut (Gf) wird ausgetauscht gegen Güter eigenen Begehrs (Ge). Das formelhafte Strukturbild $\boxed{\left.\begin{matrix} G_e \\ G_f \to G_e \end{matrix}\right\}(-V)}$ wird aber um so weniger zutreffen, je mehr der Tauschverkehr — und damit Produktion und Austausch fremddienlicher Güter — die unmittelbare Erzeugung eigendienlicher Güter verdrängen. In der weiteren Entwicklung aus dem einfachsten Zustand kommt es tatsächlich so; die Eigenproduktion nimmt immer mehr ab. Immer umfassender richtet sich die Produktion auf Tauschverkehr ein. Und mit wachsendem Tauschverkehr bildet sich ein besonderes Tauschmittel, das Geld, heraus. Dann wechseln nicht mehr im einzelnen Tauschakt solche Güter die Hand, die in den beiderseitigen Einzelwirtschaften unmittelbar gebraucht werden sollen, sondern die Güter werden im Austausch mit Geld gegeben und genommen. Die Strukturformel der Einzelwirtschaft stellt sich dann, wenn das Tauschmittel Geld mit T ausgedrückt wird, folgendermaßen dar: $\boxed{G_f \to T \to G_e\ (-V)}$ oder, sofern schon Geld (T_p) nötig ist für die Anschaffung der Produktionsmittel $\boxed{T_p \to G_f \to T \to G_e\ (-V)}$.

Das ist das Strukturbild einer Einzelwirtschaft, die schon ganz auf Tauschverkehr gestellt, aber noch nicht ganz ausgeformt ist. Man könnte es etwa als Ausdruck für eine typische Handwerkerwirtschaft des europäischen Mittelalters nehmen. Die Erzeugung setzt den Aufwand von Geldmitteln voraus und richtet sich auf Güter, die nicht für den eigenen Verbrauch, sondern zum

Verkauf bestimmt sind. Erst der Verkauf bringt das Geld herein, das zur Anschaffung der Dinge des eigenen Bedarfs erforderlich ist. Obwohl also die Erzeugung nur indirekt ist, nicht unmittelbar auf den Konsum, sondern auf Erwerb hinzielt, stehen doch Erzeugung und Verbrauch im engsten Zusammenhang miteinander — wie eben in der mittelalterlichen Bürgerwirtschaft. Wohnung und Werkstatt bilden eine räumliche Einheit, die geschäftliche und die häusliche Kasse sind kaum getrennt, die Arbeitskräfte, Gesellen und Lehrlinge, leben in der Hausgemeinschaft des Meisters, und der Haushalt selbst ist für den Umfang der ganzen Wirtschaft der bestimmende Faktor: Es gilt der Grundsatz der „Nahrung". Das heißt, allgemein wird als recht und billig angesehen, daß einer nur so viel erwirbt, wie er zum Leben braucht.

Der in dieser Erscheinung schon ausgeprägte zweite Grundfall des Wirtschaftsgefüges, dieses Bild der unselbständigen, der tauschenden Einzelwirtschaft, ist zu noch mannigfaltigeren Abwandlungen im einzelnen fähig, als das der geschlossenen Wirtschaft. Denn diese als organisch gerundetes Gebilde hat festere Grenzen, soviel gestaltende Lösungen die Versorgungsaufgabe auch zuläßt. Der sachliche Umfang des Wirtschaftens ist bei ihr durch die Größe des Personenkreises bestimmt, der sachliche Inhalt von Boden und Klima, von allen Eigenarten der gegebenen Umwelt, abhängig. Von solchen Bestimmungsgründen ist die tauschende Einzelwirtschaft frei. Da sie unmittelbar nicht nach Gütern ihres Bedarfs strebt, sondern nach Geld, kann sie sich auf beliebig großen Umfang einrichten — eine Grenze ist nur nach unten gezogen; sie muß imstande sein, das Notwendigste des Lebensbedarfes einzutauschen. Sie kann auch die Spärlichkeit der Umwelt überwinden, wenn nur ein einziges Gut, ein einziger Umstand, es ihr ermöglicht, fortlaufend vorteilhaft Tausch zu treiben. Das sind Potenzen, die der tauschenden Einzelwirtschaft vor der geschlossenen grundsätzlich die größeren Gelegenheiten geben, die größeren Möglichkeiten in den Zielen wie in den Gestaltungen des Wirtschaftens.

Aber es sind doch nur Möglichkeiten. Die Geschichte beweist, wie wenig es sagen will, daß vernunftmäßige Überlegung aus sachlichen Umständen zu derartigen Feststellungen gelangt. Die Chance kann lange als Keim unentwickelt bleiben, wenn nicht der Mensch sie zur Reife bringt. Und dem Menschen ist sein wirtschaftliches Tun und Lassen, das Denken und Mühen um wirtschaftliche Dinge, doch nur ein Teil seines Lebens, manchmal nur ein geringer Teil. Welche Bedeutung dem Wirtschaftlichen beigemessen wird, das liegt beschlossen in dem unabsehbar reichen und verschiedenartigen Fonds von Wertungen, die in ihrer Gesamtheit die Lebensführung des einzelnen steuern. In der menschlichen Lebensauffassung stehen der religiöse Trieb, die sittliche Anschauung, die soziale Empfindung, das Heimat- und das Nationalitätsgefühl, der Kunstsinn und viele andere menschliche Strebungen neben der Bedeutung, die dem Wirtschaftlichen beigemessen wird. Aber die seelische und geistige Einheit, die der Mensch darstellt, entscheidet nicht nur in sich den Rangstreit aller dieser Ansprüche, sie läßt sie auch sich gegenseitig durchdringen und zum Ausgleich kommen. Das Gesamtgepräge, das, so gesehen, die Persönlichkeit aufweist, ist indessen weitgehend bestimmt von der Menschengesamtheit, in der sie lebt. Menschen in derselben Zeit und in gewisser räumlicher Verbundenheit weisen der Regel nach gleiche Kulturelemente zumindest in dem Sinne auf, daß Art und Wege ihrer Wünsche weitgehend übereinstimmen. Hier liegen tiefe Geheimnisse. Sie umschließen zugleich die Fragen nach den inneren geistigen Zusammenhängen, etwa innerhalb von Völkern oder Rassen, und nach den Antrieben, unter denen sie sich ändern und entwickeln.

Für das wirtschaftliche Treiben bedeutet das, daß verschiedene Zeitalter und in demselben Zeitalter auch die einzelnen Völker und Gruppen verschiedenartige Kultur haben und innerhalb des jeweiligen Kulturbestandes auch einen entsprechenden Wirtschaftszustand. Die Entsprechung gilt im tiefsten Sinne. Nicht nur ist der Begehr nach äußeren Dingen, der in dem Menschen wirkt, in Art und Stärke abhängig von dem gesamten seelisch-geistigen Stand, ebenso ist es die Eigenart des wirtschaftlichen Planens und Vollziehens. Wer fremdes Wirtschaftsleben flüchtig betrachtet, ist nur allzusehr geneigt, bei den äußeren Erscheinungen stehenzubleiben und sie zu deuten mit Hilfe der Denkweise, die ihm aus seinem Erfahrungskreis geläufig ist. Zu Unrecht; denn alle Zeiten und Zonen haben in ihrem geistigen Gehalt auch ihre eigenen Normen für die Auffassung des Wirtschaftlichen. Ohne weiteres einleuchtend ist das für ganz bestimmte Perioden und Kulturen, die abgeschlossen hinter uns liegen und von der Wissenschaft in ihrer Gesamtheit besonders beachtet worden sind. Der Wirtschaftsgeist des antiken Griechenlandes oder des europäischen Mittelalters oder des Orients wird allgemein als etwas Besonderes gespürt, das gänzlich von dem Wirtschaftsgeist des gegenwärtigen europäisch-amerikanischen Kulturkreises abweicht, und zwar in demselben Maße wie die Kulturen überhaupt.

Prüft aber der durch solche Feststellungen geschärfte Blick den Charakter der gegenwärtigen Wirtschaftsumstände genauer, so kann ihm nicht verborgen bleiben, daß das geistige Gepräge sogar unter den einzelnen Volkswirtschaften nicht unbeträchtlich verschieden ist, wenn auch die Voraussetzungen, die Leitsätze und die Methoden sich im Grundsätzlichen gleichen. Solche Abwandlungen des gleichen Grundprinzips hat es natürlich zu allen Zeiten gegeben. Sie müssen um so mehr als beachtenswert angesehen werden, als sie mit den übrigen Lebensäußerungen des betreffenden Volkes, besser gesagt: der betreffenden Nation, verknüpft erscheinen, also doch als eine Form ihres Wesensausdruckes zu gelten haben. Jedes wirtschaftliche Strukturbild, wenn es auch innerhalb eines bestimmten Zeitabschnittes für einen weiten übernationalen Kulturbereich entworfen werden kann, wird daher für die einzelnen Volkswirtschaften zum mindesten mit einem besonderen Sinngehalt behaftet sein. Vielfach wird es sogar in den Grundzügen variiert erscheinen. Welcher Unterschied besteht nicht — ganz abgesehen von der rechtlich begründeten Wirtschaftsordnung — zwischen der Haltung, die beispielsweise das französische Volk und das deutsche Volk gegenüber den Wirtschaftsaufgaben und -formen einnehmen! Ist jenes vorsichtig, auf Bequemlichkeit und Sicherheit bedacht, gern bei alten Gewohnheiten und Einrichtungen beharrend, wenn auch keineswegs ohne Schwung, so drängt dieses viel mehr nach Neuem, nach Fortschritt, nach Anwendung von Technik und eindringlichster Gestaltung in allen Einzelheiten des wirtschaftlichen Lebens. Sogar die beiden großen angelsächsischen Nationen heben sich in der Wirtschaftshaltung sehr deutlich voneinander ab. Der Engländer stellt sich viel konservativer, räumt der Neigung zur Bewahrung herkömmlicher Formen und zum Genuß fester Lebensgewohnheiten einen größeren Raum ein, wirkt im ganzen trotz aller Zähigkeit im Verfolgen seiner Pläne gemessener und satter als der Nordamerikaner. In allen Volkswirtschaften geben solche Besonderheiten der Wirtschaftshaltung, die hier natürlich nur flüchtig angedeutet werden können, auch der Gesamtstruktur ihre eigenartige Note. Um es zusammenfassend zu sagen: Die Struktur des allgemeinen Wirtschaftszustandes in einer bestimmten Epoche ist der Niederschlag der angewendeten wirtschaftlichen Mittel und Methoden, und diese wiederum entströmen der großen Kulturbewegung, die sich ebenso wie im Wirtschaftlichen in Sittlichkeit, Religiosität, Kunstsinn, wissenschaftlicher, politischer und anderer Denkart offenbart. Diese Bewegung, deren Gesamtcharakter einheitlich ist, nimmt in den einzelnen Nationen besondere Gestaltungs- und Bewertungsnuancen an. Solche Nuancierungen treffen auch die Wirtschaft.

So ist die wirtschaftliche Struktur im tiefsten Sinne geschichtlich bestimmt. Sie wirkt sich andererseits aber auch selbst wieder geschichtlich aus, indem sie, die in Einrichtungen und Bewegungen verdichtete Weise des Wirtschaftens, auf Entfaltungen von gewissen wirtschaftlichen Neigungen, Methoden und Wertungen, auch auf Verschiebungen des Wertranges im Bestande der Kulturgüter, hindrängt.

Die Wirtschaftsstruktur ist also nichts Festes. Sie ist nur soweit beständig, wie der Fortgang der Entwicklung es erlaubt. Sie ist auch nichts Selbständiges, weil sie von der allgemeinen Kultur abhängt und auf sie zurückwirkt. Sie kann aber für sich erfaßt werden, weil sie ein Ausdruck ist des Wirtschaftlichen, das im Planen und Geschehen einen klarumgrenzten eigenen Bereich hat.

Die übliche Einteilung des wirtschaftsgeschichtlichen Ablaufes ist die in Wirtschaftsstufen. Diese beanspruchen durchweg allgemeingültig zu sein. Ganz abgesehen von diesem Mangel hält eine solche Einteilung sich fast immer an irgendwelche einzelne äußere Umstände, deren Veränderung sie als typisch für die gesamte Wandlung annimmt. Gerade die Berücksichtigung der geistig-kulturellen Gesamtbedingtheit der Wirtschaft droht dabei aber zu kurz zu kommen. Es entsteht dabei sogar leicht der entgegengesetzte Eindruck, als hinge der jeweilige Kulturzustand von dem Wirtschaftszustand ab und dieser sei in seinem Sinn durch Rückschau und Rückschluß mit der gegenwärtigen Denkart zu begreifen. Am meisten hält sich davon wohl noch die Stufenlehre von Karl Bücher [1]) frei, die auch aus andern Gründen, wegen ihres umfassenden Einteilungsprinzips und ihrer Einfachheit, die weiteste Verbreitung gefunden hat. Neuerdings wird der Verschiedenheit des Wirtschaftsgeistes mehr Aufmerksamkeit gewidmet. Mit eindringlicher Analyse der geistig-seelischen Verumständungen versucht Werner Sombart [2]) in einer verwickelten Systematik der Vielschichtigkeit der geschichtlichen Erscheinungen gerecht zu werden. Eine Reihe von Sonderdarstellungen beschäftigt sich ausschließlich mit dem Wirtschaftsgeist einzelner Völker und Kulturbezirke [3]). Von seiten der historischen, der psychologischen und der soziologischen Forschung sind zu der Frage der geistigen Bedingtheit und der Verwobenheit ebenfalls eine Anzahl Abhandlungen beigesteuert worden.

---

[1]) a. a. O. S. 83 ff. [2]) Vgl. Die Ordnung des Wirtschaftslebens. Berlin 1925.
[3]) Vgl. Alfred Rühl, Vom Wirtschaftsgeist in Amerika. Leipzig 1927. Ders., Vom Wirtschaftsgeist im Orient. Leipzig 1925. Richard Wilhelm, Chinesische Wirtschaftspsychologie. Leipzig 1930.

II. Die Struktur der modernen Sozialwirtschaft.

1. Die Einzelwirtschaft in der Sozialwirtschaft.

a) Die Erwerbswirtschaft als Ausdruck der modernen Wirtschaft.

Die Frage, wann die „moderne" Wirtschaft beginnt, läßt sich aus der Entwicklung des einzelwirtschaftlichen Strukturbildes verhältnismäßig einfach beantworten. Die moderne Wirtschaft ist da, sobald die Einzelwirtschaft ihre einheitliche Gestalt aufgibt und sich in zwei Gebilde spaltet, in die Erwerbswirtschaft und die Verbrauchswirtschaft. In der Zeitbetrachtung der Geschichte gesehen, ist dieser Vorgang natürlich nicht das Ergebnis eines Augenblicks, auch nicht eines kleinen Zeitraums. Nicht einmal Beginn und Ende sind scharf zu bezeichnen, wenn man auf die Gesamtheit der Einzelwirtschaften europäischer Kultur hinblickt. Es ist vielmehr so, daß sich der Vorgang als allgemeine Erscheinung in einem jahrhundertelangen Prozeß vollzieht, als ein Ausdruck der großen geistigen und seelischen Entwicklung, die, etwa beginnend mit dem 14. Jahrhundert, durch die entscheidende Periode der Renaissance und Reformation hindurch auf allen Gebieten des gesellschaftlichen Lebens den einzelnen Menschen immer mehr aus alten gebundenen Formen löste, auf sich selbst stellte und als weitreichend unabhängig legitimierte. Der Sinn einer Entfesselung haftet auch an der Spaltung der Einzelwirtschaft. In der formelhaften Skizze stellt sich der Vorgang folgendermaßen dar: Aus der Form $\boxed{T_p \rightarrow G_f \rightarrow T \rightarrow G_e\ (-V)}$ wird $\boxed{T_p \rightarrow G_f \rightarrow T} \rightarrow \boxed{T_v \rightarrow G_e\ (-V)}$. Das heißt, daß im Laufe der Zeit die Einzelwirtschaft mehr und mehr ein Organ absondert, einen Teil als besonderes Werkzeug ausbildet mit dem Zweck, die erste Teilaufgabe des Wirtschaftens im Tauschverkehr allein zu erfüllen, nämlich das Geld zu erwerben, das ja schließlich für das Einhandeln der Bedarfsgüter erforderlich ist. All die Industriebetriebe, Bergwerke, Büros, Läden, Hotels, Speditionen, Agenturen, alle diese Geschäfts- und Arbeitsstätten scheinen ganz für sich allein, selbständig dazustehen. Sie sind nicht nur zumeist räumlich getrennt von den Verbrauchswirtschaften, denen sie dienen, sie sind auch innerlich verselbständigt, führen ein eigenes Leben, hängen mit ihren Verbrauchswirtschaften nicht mehr organisch zusammen.

Jene erste, einfachere Form der Einzelwirtschaft, das Sinnbild einer mittelalterlichen Bürgerwirtschaft, steht zwar auch schon im Tauschverkehr. Sie betreibt ebenfalls indirekte, nur für den Tausch bestimmte Produktion und handelt mit deren Ergebnis erst die eigene Bedarfsmenge ein — aber die Einzelwirtschaft erfüllt hier noch ihre beiden Aufgaben der Güterbeschaffung und Güterverwendung in unmittelbarem Zusammenhang. Wenn sich die Einzelwirtschaft in ein Gestaltenpaar aufgespalten hat, so deutet das darauf hin, daß die vorher sinnvoll auf die Bedürfnisbefriedigung des Wirtschaftssubjektes und seiner Familie gerichtete Ordnung als Einheit zerrissen ist. Jede der Teilzellen, Erwerbswirtschaft wie Verbrauchswirtschaft, erfüllt sich mit eigenen Zwecken. Nur darin besteht die Verbindung, daß die Verbrauchswirtschaft oder, wie sie im täglichen Leben genannt wird, der Haushalt, das Geld für seinen Verbrauch (T_v) von der Erwerbswirtschaft übernimmt. Die Größe seiner Mittel ist von dem Ertrag der Erwerbswirtschaft abhängig. Die letztere aber begrenzt ihr Ausmaß nicht mehr nach den Bedürfnissen des Haushalts. Sie ist in ihrer Ausdehnung nach obenhin frei; sie kann nach höchstmöglichem Umfang, nach höchstmöglichem Ertrag streben. Und sie tut es auch. Gerade die Hinwendung zu grundsätzlich unbegrenztem Erwerbsstreben hat zu der Abtrennung der Erwerbswirtschaft geführt. Ihre Emanzipation versinnbildlicht den Wandel des Wirtschaftsdenkens, und nicht nur des Wirtschaftsdenkens. Sie ist das Zeichen einer neuartigen Zeit.

Die Sinnesart des Mittelalters mit ihrer durchgreifenden Lebensordnung, die dem Menschen in der Gesellschaft seinen Standesplatz und dem menschlichen Tun von der kirchlichen Ethik aus seine Bedeutung und seinen Rang zuwies, diese Sinnesart verschwindet aus dem Wirtschaften in dem Maße, in dem an die Stelle des Nahrungsprinzips der Grundsatz des unbeschränkten Erwerbs tritt. Das unbeschränkte Erwerbsstreben wird zum eigentlichen Zweck der Erwerbswirtschaft, einem Zweck, den die Wirtschaft aus sich selbst entnimmt, der nicht mehr zurückgeht auf den Grund einer einheitlichen Persönlichkeitsauffassung, nicht mehr einem sinngebundenen Gesamtdasein entströmt. Indem die alten Mächte an Gewalt über die Lebensgestaltung der Gesellschaft und der einzelnen Persönlichkeit einbüßen, macht sich das Wirtschaftsstreben selbständig und ergreift mit dem Prinzip des Erwerbs einen Inhalt von eigenartiger Sachlichkeit. Das Erwerbsprinzip ist sachlicher Natur insofern, als es über die Grenzen des persönlichen Bedarfsumfanges hinauszielt. Es entspringt einem entpersönlichten Wirtschaftsdenken, dem Eigenstreben der verselbständigten Wirtschaft. Den höchstmöglichen Erwerb in den Mittelpunkt des wirtschaftlichen Strebens rücken, heißt Wirtschaften für die Wirtschaft, nicht mehr in erster Linie für den Menschen. Denn dessen Bedürfnisse geben kein Maß mehr ab für Kraft und Ende der wirtschaftlichen Tätigkeit. Das Gedeihen des Menschen steht nicht mehr unmittelbar in der Zielrichtung des Wirtschaftens. Dort steht vielmehr das Zweckgebilde, das der Mensch für seinen äußeren Lebensbedarf geschaffen hat, die Einzelwirtschaft in der Ausformung der Erwerbswirtschaft. Sie schiebt sich als Mittel und damit als Bezugspunkt zwischen das wirtschaftliche Handeln und Denken des Menschen und den Menschen selbst. Nur die Erwerbswirtschaft kann Gegenstand des unbegrenzten Erwerbsstrebens sein, weil sie allein grundsätzlich keine Grenzen ihres Inhaltes und Umfanges kennt.

Mit solcher Abdrängung alter ordnender Mächte, mit der Verselbständigung des Wirtschaftsstrebens, der Aufrichtung des Grundsatzes unbeschränkten Erwerbs und der Entpersönlichung des Ziels steigt schließlich wirtschaftliches Mühen und Gelingen in einen merkwürdig hohen Rang unter den Lebenswerten. Man denkt immer weniger daran, daß das Wirtschaften doch nur ein Mittel für die Lebensführung ist. Nachdem es aus der Einordnung und Unterordnung entlassen ist, die ihm unter kirchlichem Gesichtswinkel angewiesen worden waren, ist es bestrebt, die Rangverhältnisse umzudrehen. Wirtschaften will nicht mehr dienende Verrichtung für die Lebensgestaltung sein, es versucht vielmehr die Lebensgestaltung selbst mit seinen Regeln zu durchdringen, in seine Zweckgestaltung einzuspannen. Bis zu einem hohen Grade ist es ihm gelungen. Und zwar beschränkt sich diese Vorherrschaft nicht etwa nur auf die

Führung des äußeren Lebens. Sie wird vielfach auch innerlich anerkannt und ist ein mächtiger Faktor für Neigungen und Willensbestimmung geworden. Wirtschaftsstreben und Wirtschaftserfolg erhalten eine ethische Note; sie vermögen eine Persönlichkeit als etwas Ideales zu erfüllen und sie in dem Urteil anderer auszuzeichnen. Kurz zusammengefaßt: Das Wirtschaftliche befiehlt dem Lebendigen, die Wirtschaft — um es mit einem treffenden amerikanischen Ausdruck zu bezeichnen — „kontrolliert" das Leben. Das ist, etwas überspitzt ausgedrückt, die Lage, die nach einer Entwicklung von einigen Jahrhunderten in der Gegenwart erreicht ist. Aber es scheint, als ob wir jetzt an einer Wende stehen. Gerade in der jetzt lebenden Generation gewinnt die Auflehnung gegen die Übermacht des wirtschaftlichen Geschehens und namentlich auch gegen die Überwucherung des Lebens durch wirtschaftliches Denken und Werten immer mehr Raum. Wohin die Gegenbewegungen, die im Bereich der europäisch-amerikanischen Kultur durchaus noch uneinheitlich sind, im ganzen führen werden, ist nicht abzusehen. Sie sind teils getragen von Nützlichkeitserwägungen und versuchen, sich mit der Abstellung einzelner Mängel zu behelfen, teils leiten sie sich aus neuen Idealen her und sind bereits zu gewissen Ansätzen für grundsätzliche Umgestaltung gediehen.

Im Leben der einzelnen wird das Überwiegen des Wirtschaftlichen nicht empfunden als langsam aus einer Gesamtentwicklung der Kultur entstanden, sondern als das Ergebnis eines individuell wirkenden, unentrinnbaren Zwanges. Jeder einzelne fühlt sich genötigt, alle seine Kräfte anzuspannen, um sich wirtschaftlich zu behaupten, seine Lebenserfordernisse zu erringen. Daß mehr als ein Dutzend Generationen die ideellen und materiellen Umstände, die hierher führten, zur Reife gebracht haben, verbirgt sich in dem Einzelschicksal, das sich von den Gesetzen der Wirtschaft getrieben und von deren Ergebnissen und Bedingtheiten erfüllt fühlt. Es scheint ein einziger allgemeiner Umstand zu sein, der alles bewegt und bewirkt: Der freie Wettbewerb. Ihm liegen die Elemente der gegenwärtigen Wirtschaftsordnung zugrunde, das Privateigentum und die Freiheit seiner Verwendung, also Freiheit der Produktion sowohl wie der Konsumtion. Jeder ist grundsätzlich auf sich selbst angewiesen. Jeder hat grundsätzlich die Chance zum größten Reichtum wie das Risiko tiefster Not. In dieser Freiheit der Möglichkeiten strahlen seit etwa hundert Jahren die Anschauungen und Rechtssätze zusammen. Ganz unbeschnitten ist sie freilich schon lange nicht mehr. Die Idee der Sozialpolitik wendet sich gegen Verelendungsmöglichkeiten, indem sie bestimmte Gruppen unselbständiger Erwerbstreibender mit schützenden Vorrechten versieht. Von einer andern Seite her greifen, weniger planmäßig, Maßnahmen öffentlicher Wirtschaftspolitik in das Schicksal der Einzelwirtschaften ein und schwächen so die Wirkung der Selbstverantwortlichkeit ab. Sozialpolitik wie Wirtschaftspolitik nehmen ihr Recht aus der Erkenntnis, die stetig wächst, daß die Wirtschaftsverbundenheit die einzelnen zur wirtschaftlichen Schicksalsgemeinschaft zusammenschließt, und daß der Verderb eines Teils die Wohlfahrt der Gesamtheit bedroht.

Diese Erkenntnis ist gerade jetzt überall im Wachsen und bedroht das System des wirtschaftlichen Liberalismus auch dort, wo zunächst alle Eingriffe und Einflüsse nur von der Not gebotene Korrekturen der Wirtschaftsfreiheit zu sein scheinen. Die Einzelwirtschaft lebt indessen noch zum guten Teil unter deren Bedingungen, unter denen sie sich ja auch in die Zweiheit Erwerbswirtschaft—Verbrauchswirtschaft weitergebildet hat.

Die moderne Wirtschaftsordnung wird gewöhnlich als die kapitalistische bezeichnet. Der Ausdruck hat ursprünglich einen ablehnenden Sinn. Er stammt aus der sozialistischen, gesellschaftskritischen Literatur. Karl Marx hat ihm schon in seinen früheren Schriften dies Gepräge gegeben und im übrigen in seinem großen Werk „Das Kapital" die erste umfassende und tiefdringende Analyse dieser Wirtschaftsordnung unternommen. Die Literatur, die sich nach Marx mit dem Wesen des Kapitalismus befaßt, ist überaus groß. An Reichtum der Gedanken und des Tatsacheninhaltes steht Werner Sombarts umfangreiches Werk „Der moderne Kapitalismus" an der Spitze. Sombart hat zu der geschichtlichen Erforschung des herrschenden Wirtschaftssystems auch eine Reihe größerer Einzelstudien beigesteuert, z. B. „Der Bourgeois" [1]), „Die Juden und das Wirtschaftsleben" [2]), „Luxus und Kapitalismus" [3]), „Krieg und Kapitalismus" [4]). Als Gegner der sozialistischen Auffassung stellt Ludwig Pohle das kapitalistische System in seiner Schrift „Kapitalismus und Sozialismus" [5]) dar, ähnlich in dem Art. „Kapitalismus" im Handwörterbuch d. Staatswissenschaften [6]). Dort sind auch weitere Literaturhinweise zu finden.

---

[1]) Zuletzt München u. Leipzig 1923.
[2]) Zuletzt München u. Leipzig 1928.
[3]) Zuletzt München u. Leipzig 1922.
[4]) Zuletzt München u. Leipzig 1912.
[5]) 4. Aufl., herausg. v. G. Halm, Berlin 1931.
[6]) 4. Aufl., Jena 1923.

b) Erwerbswirtschaft und Haushalt.

Von den beiden verselbständigten Zellen der Einzelwirtschaft ist die Erwerbswirtschaft der aktivere, die Verbrauchswirtschaft der passivere Teil. Jene sieht den Erfolg ihres Erwerbsstrebens im Gewinn; um ihn zu erhalten, muß sie unaufhörlich ihre Kräfte anspannen, neu ordnen und auf das Höchstmaß des möglichen Ergebnisses richten. Der letzte Richtungspunkt ist dabei der Bedarf der fremden Verbrauchswirtschaften. Ihn zu erkennen, ja, ihm zuvorzukommen, ihn anzureizen und zur Deckung zu veranlassen, sind die Grundbedingungen des erwerbswirtschaftlichen Erfolges. Die Verbrauchswirtschaft andererseits hat nur begrenzte Freiheit. Sie ist auf das angewiesen, was die Erwerbswirtschaft, die ihr Partner ist, ihr zuweist. Damit hat sie die Bedürfnisse zu decken; sie muß sich bescheiden, muß haushalten. Im äußeren Geschehen der Volkswirtschaft erscheinen daher die Erwerbswirtschaften als die eigentlichen Akteure, als die Anreger und die Handelnden. Die Erkenntnis der Wirtschaftsstruktur setzt aus diesen Gründen am besten bei der Betrachtung der Erwerbswirtschaft ein.

Zuvor sind einige Hinweise über die konkrete Gestalt der beiden Zellen nötig. Bei jedem, der im wirtschaftlichen Leben als selbständiger Erwerbstätiger steht, sind beide Teile in seiner Einzelwirtschaft nachweisbar. Bei jedem Kaufmann, jedem Handwerker und Industriellen sind Laden, Büro, Werkstatt oder Fabrik deutlich als die Stätten des Erwerbes von den Haushaltungen geschieden, ähnlich auch die Kanzlei des Rechtsanwaltes, das Behandlungszimmer des Arztes, das Atelier des bildenden Künstlers. Ebenso lassen sich durchweg die dem Erwerb dienenden Einrichtungen, Instrumente, Werkzeuge usw. als Teile der Erwerbswirtschaft erkennen. Freilich mögen solche Ausstattungen als Kennzeichen der Erwerbswirtschaft zuweilen recht spärlich sein; mancher Agent hat wenig mehr als seine Mappe, mancher Schriftsteller nur Feder und Papier zur Verfügung. Bei den Landwirten pflegt die Trennung des Erwerbsteils von der Verbrauchswirtschaft am wenigsten klar zu sein. Aber alle die Gruppen der sogenannten selbständigen Erwerbstätigen bieten dem forschenden Blick die Möglichkeit, besondere Einrichtungen und Vorkehrungen festzustellen, die ausdrücklich für die Erwerbstätigkeit bestimmt sind, also die Erwerbswirtschaften äußerlich kennzeichnen. Kaum erkennbar, manchmal ganz verschwunden aber sind solche Merkmale bei der Gruppe der Unselbständigen, also der Lohnarbeiter, der Angestellten und Beamten. Hier und da mag der Arbeiter noch einiges Gerät für seine Arbeitszwecke selbst besitzen, auch wohl Arbeitskleidung, jedoch ist es den Unselbständigen im Regelfalle eigentümlich, daß nicht sie, sondern ihre Arbeitgeber die Erwerbsapparatur stellen. Sie haben nach der Erwerbsseite nur persönliche Qualitäten darzubieten, ihre Arbeitskraft. Man kann sagen, daß die Erwerbswirtschaften der Unselbständigen eingeschoben sind in andere Erwerbswirtschaften. Die Verbundenheit dieser Art ist geradezu das Merkmal der Unselbständigkeit.

Übrigens kann auch der Verbrauchsteil einer Einzelwirtschaft verkümmert sein und diese sich nach der Haushaltsseite mit einer fremden Einzelwirtschaft zusammentun. Das ist z. B. der Fall, wenn ein Junggeselle in einer Pension lebt. Vorübergehend geschieht ein Verzicht auf eigene Haushaltführung so häufig, daß darauf die Wirtschaftsgruppe der Gastwirtschaften ihre Erwerbstätigkeit gründet.

In einer so gerichteten Überschau treten die Einzelwirtschaften in ihrer strukturellen Vereinzelung und Ineinanderfügung hervor. Es ist ein Blick, der nur auf die Umrisse der einzelnen Wirtschaft und ihrer Teile achtet. Eine zweite wesentliche Beziehung, die regelmäßige Verbindung unter allen Einzelwirtschaften, die den bewegten und starken Zusammenhang der ganzen Volkswirtschaft ausmacht, soll vom Bau der Erwerbswirtschaft aus verständlich gemacht werden.

c) Das Wesen der Erwerbswirtschaft.

Der schematische Aufriß, den wir bis jetzt von der modernen Einzelwirtschaft entworfen haben, ist noch sehr unvollkommen. Er sei hier noch einmal gezeigt, um als Ausgang für eine genauere Skizzierung des erwerbswirtschaftlichen Teils zu dienen:

$$\boxed{T_p \rightarrow G_f \rightarrow T} \rightarrow \boxed{T_v \rightarrow G_e\,(-V)}\,.$$

Das Wesentliche am Gang der Erwerbswirtschaft ist die Umwandlung des hineingesteckten Geldes (T_p) in Gebrauchsgüter und dieser wieder in Geld (T). Die erste Umwandlung vollzieht sich aber in zwei Etappen. Das Geld wird zur Anschaffung der Produktionsmittel (G_p) verwendet, und erst aus deren Anwendung gehen die betreffenden Gebrauchsgüter (G_f) als Produkt hervor. Die Produktionsmittel sind teils dauerhafter Natur, Anlagen im weitesten Sinne (G_{pa}), teils sind sie jeweils nur einmal verwendbar, sind reale Betriebsmittel (G_{pb}). Dieses Glied der stehenden und umlaufenden Mittel schiebt sich also zwischen T_p und G_f ein. Noch etwas anderes ist zu berücksichtigen, nämlich die Tatsache, daß im Verlaufe des Wirtschaftens der Geldertrag T immer wieder dem Erwerbszwecke zu dienen hat, also nur zum Teil als T_v in die Verbrauchswirtschaft fließt, im übrigen wieder zu T_p wird. Das vervollkommnete Bild der Erwerbswirtschaft sieht also so aus:

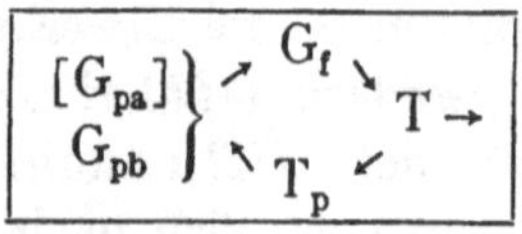

Dabei ist freilich zu bedenken, daß, wenn einmal die Erwerbswirtschaft geschaffen ist und läuft, der Anlageteil (G_{pa}) im Unterschiede von den Betriebsmitteln (G_{pb}) bestehen bleibt und nur der fortwährenden Ergänzung, nicht der vollen Neuanschaffung bedarf.

In jeder selbständigen Erwerbswirtschaft, einerlei, ob sie die Form einer industriellen Unternehmung, eines Handwerksbetriebes, eines Einzelhandelsgeschäftes oder eine sonstige Gestalt hat, sind die zwei Gruppen der Produktionsmittel genau festzustellen. Zu den mehrmals nutzbaren Mitteln (G_{pa}) gehören außer dem Grund und Boden die Gebäude, Maschinen, Transport- und Kraftanlagen, Werkzeuge, Geräte, Einrichtungen aller Art. Dagegen umfassen die nur einmal nutzbaren Produktionsmittel (G_{pb}) die Rohstoffe, Hilfsstoffe, wie Kohle, Benzin, Viehfutter, aber auch die Arbeitsleistungen; denn diese müssen mit dem Lohn jeweils immer aufs neue gekauft werden. Nur, wenn Sklaven verwendet würden, könnte der Mensch, dessen Arbeitsleistungen für den Betrieb nötig sind, den Maschinen gleichgesetzt und in die Gruppe G_{pa} eingerechnet werden. Der Begriff der Produktion ist hier im weitesten Sinne genommen, nämlich als Bereitstellung von Gütern überhaupt, als notwendige Tätigkeit für den Endzweck der Bedürfnisbefriedigung. In solchem Sinne ist auch die Tätigkeit eines Handelsgeschäftes oder einer Verkehrseinrichtung Produktion.

Von Bedeutung ist das Verhältnis, in dem die Größen der beiden Gruppen von Produktionsmitteln zueinander stehen. Für manche Arten von Erwerbswirtschaften haben die Anlagen das größte Gewicht — extremes Beispiel: Wasserkraftwerke —, bei andern überwiegen die umlaufenden Produktionsmittel. Das ist z. B. bei den meisten Einzelhandelsgeschäften der Fall.

Das Schema der Erwerbswirtschaft macht dreierlei deutlich. Als Darstellung einer Bewegung zeigt es die unaufhörliche Umwandlung von Geld über Produktionsmittel und Produkt wieder in Geld, einen Kreislauf, der den Sinn hat, das Ergebnis größer zu gestalten als den Beginn. In der Sprache des Unternehmers nennt man ihn den Umschlag des Kapitals, und sein Zweck ist erfüllt, wenn dabei ein Überschuß, der Gewinn, erzielt wird. Eine zweite Einsicht ergibt sich, wenn man sich die Bewegung für einen Augenblick gehemmt denkt. Dann tut sich ein Überblick auf über den gesamten Inhalt der Erwerbswirtschaft, über einen mannigfaltigen Bestand an Geld, Produktionsmitteln und Produkten. Auch so kann man das Schema sehen. Diese ganze Summe von Geld, Anlagen, Einrichtungen, Roh- und Hilfsstoffen, halbfertigen und fertigen Erzeugnissen aber macht das Erwerbskapital desjenigen aus, der die Erwerbswirtschaft besitzt. Freilich ist es nicht immer ganz das Eigentum des Inhabers, ein Teil kann geliehen sein, aber die Gesamtheit dieser Güter dient seinem Erwerb. Und alle lassen sich in Geld ausdrücken. Soweit sie die Geldgestalt nicht noch oder noch nicht wieder haben, sind sie sämtlich einmal Geld gewesen. Das ermöglicht dem Inhaber der Erwerbswirtschaft die vergleichende Übersicht über deren Wertgrößen und Erfolge. So vielgestaltig der Inhalt auch ist, im Denken und Rechnen hat er die einheitliche Gestalt des Geldes. Auf diese Vorbedingung gründen sich Buchhaltung, Kalkulation und Bilanz. Solche Übertragung aller Dinge der Erwerbswirtschaft in Geldgrößen bedeutet allgemein eine weitgehende Gewöhnung an ziffernmäßig genaues Abwägen von Aufwand und Nutzen, es ist die Grundlage der „Rechenhaftigkeit", die nach Sombart ein Wesenszug des kapitalistischen Zeitalters ist.

Mit der Erörterung des Erwerbskapitals sind wir an einen Kapitalbegriff herangeführt worden, der in der wirtschaftlichen Praxis eine große Rolle spielt. Leider ist er nicht die einzige Bedeutung des Ausdrucks Kapital. Kaum eine wirtschaftliche Bezeichnung wird im Leben so vieldeutig angewendet. Die nationalökonomische Wissenschaft, die das ganze Getriebe des Wirtschaftens als Gesellschaftserscheinung betrachtet, pflegt unter „Kapital" schlechthin alle Güter zu verstehen, die, vom Menschen für diesen Zweck geschaffen, als Mittel der Produktion dienen. Es handelt sich hierbei also um einen sozialwirtschaftlichen Begriff, der ohne Rücksicht auf die jeweilige Gestaltung der Wirtschaftsgesamtheit immer anwendbar ist, also auch dort, wo es keine Erwerbswirtschaft gibt. Der Begriff „Erwerbskapital" hingegen ist nur auf den Produktionszweck der einzelnen Erwerbswirtschaft bezogen, ist einzelwirtschaftlich im Sinne der gegenwärtigen Wirtschaftsordnung gemeint. Der sozialwirtschaftliche Begriff wird zur klareren Unterscheidung auch „Realkapital" genannt.

Als das dritte, was an der Erwerbswirtschaft bemerkenswert ist, läßt sich aus dem Schema die Verbindung mit andern Einzelwirtschaften herauslesen. Damit wäre der wichtige Umstand der sozialwirtschaftlichen Verknüpfung erreicht. Die Verknüpfung mit fremden Einzelwirtschaften vollendet erst den Sinn der Erwerbswirtschaft. Nur durch den Verkehr nach außen wird diese Art Erwerb, nämlich Gelderwerb, möglich. Das ist das Wesentliche für die Einzelwirtschaft selbst. Der Verkehr ist aber der Regel nach auf beiden Seiten freiwillig. Er kann nur zustande kommen, wenn die fremde Einzelwirtschaft das annimmt, was die Erwerbswirtschaft darbietet. Deren Leistungen müssen also für jene wertvoll sein. Sie müssen wirtschaftliche Bedürfnisse unmittelbar oder mittelbar befriedigen. Das ist das Wesentliche für die Gesamtwirtschaft.

Der Verkehr mit fremden Einzelwirtschaften geschieht an zwei Punkten des Kreislaufs in der Erwerbswirtschaft. Geld tritt heraus, um die realen Mittel der Produktion hereinzubringen, und das Produkt tritt heraus, um Geld hereinzubringen. Von außen gesehen: Das Produkt einer andern Erwerbswirtschaft wird gekauft, um als Produktionsmittel zu dienen, das eigene Produkt wird verkauft — an eine Erwerbswirtschaft oder einen Haushalt —, um das erstrebte Endergebnis, den Geldertrag, zu erbringen. Zwischen der Beschaffung der Produktionsmittel und dem Verkauf des Produktes liegt der innere, der technische Prozeß der Produktion, zwischen der Gelderzielung und der Geldbereitstellung die Abgabe der Geldmittel an die zugehörige Verbrauchswirtschaft. In der schematischen Darstellung sieht also die Erwerbswirtschaft mit ihren tauschmäßigen Verknüpfungen folgendermaßen aus:

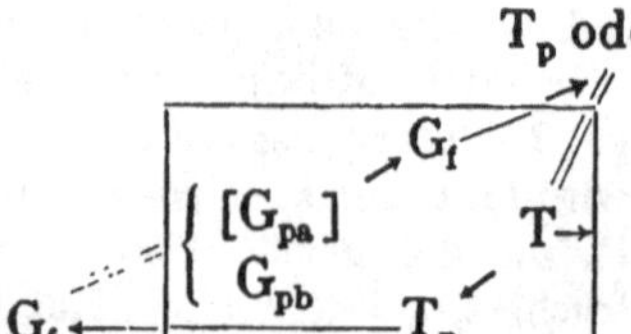

Der Sinn der Erwerbswirtschaft fordert, daß die Produktionsmittel mit möglichst geringem Geldaufwand beschafft, die Produkte mit möglichst großem Geldertrag abgegeben werden. Denn die Spanne zwischen Aufwand und Ertrag soll so weit wie möglich sein. Dieser Erfolg, dem der so bezeichnete Außenverkehr zustrebt, hängt wesentlich ab vom inneren Produktionsprozeß. Es kommt darauf an, die Kosten für das einzelne Produktstück möglichst niedrig zu halten. Das ist nicht nur eine Aufgabe des Einkaufs, sondern auch der Organisation und der Technik, damit schließlich, wie wir noch sehen werden, oft eine Frage der Größe des Kapitals. Wenn die Kosten des Produktstücks niedrig sind, kann auch sein Preis mehr oder minder niedrig und die Absatzchance dementsprechend mehr oder minder groß sein. Ein niedriger Preis erbringt einen geringeren Einzelgewinn, fördert dagegen in der Regel den Absatz, während umgekehrt ein höherer Preis den Einzelgewinn zu erhöhen, die Absatzmenge zu verringern trachtet. Letzten Endes muß das Erwerbsinteresse erstreben, daß das Produkt aus Einzelgewinn und Absatzmenge so groß wie möglich ist.

Aus solchen Grunderwägungen, nach denen sich die Gedankengänge des typischen Unternehmers richten, ergeben sich die Leitsätze des Tauschverkehrs im Ankauf der Mittel und Verkauf des Ergebnisses der Produktion, wie ihn die Erwerbswirtschaft betreibt. Es entspringen daraus aber nicht allein Bestimmungsgründe des Tauschverkehrs, sondern auch die Motive für eine zweite Art des Verkehrs mit der Erwerbswirtschaft, für den Kapitalverkehr. Da nämlich die Größe des Gewinnes beeinflußt wird von dem Umfang des verwendeten Erwerbskapitals, kann es für den Unternehmer erwünscht sein, das Erwerbskapital von außen her zu erweitern. Auch ergeben sich aus dem Tauschverkehr selbst schon Übertragungen von Teilen des Erwerbskapitals in andere Einzelwirtschaften. Beide Umstände rufen neben dem Tauschverkehr den Kapitalverkehr hervor.

Die typische Erwerbswirtschaft, die Unternehmung, strebt nach jener Größe des Erwerbskapitals, bei der sie der niedrigsten Kosten und der günstigsten Wirkung gewiß zu sein glaubt. Genau läßt sich dies Optimum nur selten ermitteln, aber da es tatsächlich oft sehr hoch liegen mag, ergibt sich eine allgemeine Neigung in Industrie, Handel und Verkehr zur Ausweitung der einzelnen Erwerbswirtschaften. Diese Neigung wird verstärkt durch den irrationalen Drang, die Machtsphäre überhaupt auszudehnen, zum mindesten hinter den andern nicht zurückzubleiben, und da die planvolle, nüchterne Überlegung durchaus nicht überall die Oberhand hat, darf angenommen werden, daß das so geartete Streben tatsächlich oft den Hauptantrieb zur Erweiterung gibt. Die nächstliegende Quelle für die Vergrößerung des Erwerbskapitals, der eigene Gewinn, der sich im Tauschverkehr zu ergeben hat, ist nur selten ausreichend dafür. Sehr oft richtet sich deshalb das Streben darauf, aus andern Einzelwirtschaften die nötigen Mittel zur Kapitalverstärkung unmittelbar heranzuziehen. Dasselbe kann natürlich in jedem Falle versucht werden, wenn das eigene Vermögen eines Wirtschaftssubjektes für die Durchführung seiner erwerbswirtschaftlichen Pläne nicht ausreicht. Der Kapitalverkehr hat sich aus solchen Rücksichten stark entwickelt, und im Zusammenhang damit sind die Formen und Verkettungen der Erwerbswirtschaften in überaus reicher Mannigfaltigkeit ausgebildet worden.

Vor dem Kapitalverkehr steht aber der Tauschverkehr. Er ist die Voraussetzung des Kapitalverkehrs, gibt diesem die Anregung und bietet ihm für sein Verfahren die Formen und Wege dar.

2. Die Strukturzüge der Sozialwirtschaft.

a) Die grundsätzlichen Formungstatsachen.

Der Tauschverkehr und das Geld. Durch Tausch kommen die Güter dahin, wo sie gebraucht werden. Die Natur der Güter, die begehrt und eingetauscht werden, ist vielartig: Neben Sachgütern selbst sind auch bloße Nutzungen von Sachgütern und menschliche Dienste Gegenstände des Begehrs und somit des Tauschverkehrs. Alles was nutzbar ist, kann im Tauschverkehr erworben werden, auch die Nutzleistung einer Wohnung und eines Landgutes, die Transportleistung eines Verkehrsmittels, die Arbeitsleistung eines Lohnarbeiters, eines Beamten, eines Angestellten, die Dienste eines Arztes oder Rechtsanwaltes oder eines Künstlers. In Gestalt der Miete, der Pacht, des Lohnes, Gehaltes und Honorars findet die Darbietung von derartigen Gütern ihren tauschmäßigen Entgelt. Auf diesen Entgelt kommt es den Darbietenden zunächst an. Sie wollen für ihre Leistungen einen Gegenwert haben, für den sie das erhalten können, was ihnen die Lebensführung jetzt und in Zukunft sichert. Überall, wo Einzelwirtschaften Güter für andere darbieten, tun sie es, um gegen ihre Abgabe andere Güter beschaffen zu können. Und zwar nicht nur Güter für die eigene Verbrauchswirtschaft, vielmehr auch solche für die eigene Erwerbswirtschaft, weil diese doch die Mittel schafft, um schließlich auf jenem Umweg des Tausches die eigenen Bedürfnisse zu decken. Und immer muß das Dargebotene, muß das für den Tausch bestimmte Gut für andere verwendbar und begehrt sein. Nur soweit andere das Gut wirklich wünschen, ist mit Abgabe und Tausch zu rechnen. Jede Produktion in irgendeinem Sinne muß das beachten. Nicht auf die Brauchbarkeit schlechthin kommt es an, sondern auf die tatsächliche Annahme und Verwendung. Jede Produktion erfüllt erst dann ihren Sinn, wenn der Tauschverkehr das Dargebotene übernimmt, um es in eine Bedarfslücke einzufügen. Der Bedarf der Erwerbswirtschaften aber ist nur ein abgeleiteter. Er wird letzten Endes bestimmt von dem vermuteten Bedarf des Verbrauches. Im ganzen aller beteiligten Einzelwirtschaften und auf die letzte Wirkung hin gesehen, ist die Befriedigung des gesamten volkswirtschaftlichen Verbrauchsbedarfes dasjenige, was Inhalt und Maß der Produktion bei allen einzelnen bestimmt.

Allerdings geht das Begehren ebenso aus von Erwerbswirtschaften wie von Verbrauchswirtschaften. Jene dienen stets einem späteren Verbrauchsbedarf der Allgemeinheit und sind oft in einer von diesem Endpunkt weit entfernten Staffel eingefügt. Steht beispielsweise die Konfektion von Herrenanzügen der Erfüllung des Verbrauchszweckes, der Deckung des Kleidungsbedürfnisses, schon einigermaßen nahe, so sind doch die Unternehmungen der Weberei, der Spinnerei, der Zwirnerei, der Färberei, die Vorstufen der Kleiderherstellung darstellen, von der letzten Station, dem Verbraucher des fertigen Kleides, in verschiedenem Grade weiter entfernt. Dasselbe gilt für die Handelsunternehmungen, die sich einschieben, und in noch größerer Ferne befinden sich die Fabriken, in denen die Textilmaschinen hergestellt werden, die Bergwerke, Hütten- und Stahlwerke, die Baumwollpflanzungen und die schafzüchtenden Betriebe, in denen die nötigen Rohstoffe entstehen. Aber der funktionelle Zusammenhang aller solcher Erwerbswirtschaften mit dem Ort der letzten Zweckerfüllung, den Verbrauchswirtschaften, in denen der Bedarf an Kleidung auftritt, ist nicht zu verkennen. Immer muß sich der Betrieb der Erwerbswirtschaft jenem Gesetz fügen, daß der Erfolg schließlich vom Verbrauch der produzierten Güter zugemessen wird. Grundsätzlich und unmittelbar dient der Tauschverkehr also der Befriedigung der Verbrauchsbedürfnisse, wenn auch oft auf einem langen Wege, auf dem die Überführung der Güter von rohstofferzeugenden Erwerbswirtschaften zur Weiterverarbeitung in gewerbliche und zur Verteilung in Handelsbetriebe nur die Hauptstationen, sozusagen Knotenpunkte, sind. In diesen Weg münden die Linien ein, auf denen die Hilfsmittel der Produktion, die Maschinen, Gebäude, Werkzeuge usw. sich von ihrer Entstehung bis zur Verwendung durch Reihen von Erwerbswirtschaften bewegen, um endlich auch ihrerseits an der Herstellung der Verbrauchsprodukte tätig zu sein. Überall wirken die Dienste des selbständigen Handels und des Verkehrs mit, greifen die Arbeitsleistungen des Menschen ein. Im ganzen drängt aber dieser Gesamtvorgang des Überganges von einer Erwerbswirtschaft zur andern das schließlich hergestellte Gut seiner letzten Bestimmung zu, verbraucht zu werden. Die Verbrauchswirtschaft ist das Endziel des Tauschverkehrs.

Die einzelne Erwerbswirtschaft ist in diesen Strom als Nehmer und als Geber eingefügt. Als Nehmer insofern, als sie für ihre Produktionszwecke von anderen Erwerbswirtschaften Sachgüter und Leistungen (G_p) übernimmt, die deren Produkte(G_t) sind. Das gilt jedoch nicht für alle. Wer nicht mehr darzubieten hat als seine Arbeitskraft, dessen eigene Erwerbswirtschaft hat oft nur eine Seite; sie ist an das Netz der erwerbswirtschaftlichen Güterproduktion nur mit der Hingabe eben ihres Produktes Arbeitsleistung angeschlossen, und diese bedarf nicht immer einer Produktion, für welche Güter aus andern Erwerbswirtschaften bezogen werden müßten. Allerdings wenn die Ausbildung oder Schulung der Arbeitskraft noch Aufwendungen erfordert, kann auch ein Nehmerverhältnis zu andern Erwerbswirtschaften bestehen, zu solchen nämlich, die jene Bildungsleistungen abgeben. Als Geber von Dingen oder Leistungen teilen sich die Erwerbswirtschaften in zwei Gruppen. Diejenigen, die ihr Produkt einer unbestimmten und veränderlichen Vielzahl von Abnehmern geben, sind selbständige Wirtschaften, während die andern, die regelmäßig nur einen oder nur einzelne bestimmte Abnehmer haben, als unselbständig bezeichnet werden. Zu diesen zählen alle Arten von Lohnarbeitern, wenn sie auch oftmals neben ihrer Arbeitsleistung noch stoffliche Güter liefern, wie z. B. manche Heimarbeiter. Natürlich rechnen die Angestellten ebenfalls zu dieser Gruppe. Sie alle sind unselbständig, weil sie nicht auf unbekannte Abnehmer warten können, sondern darauf angewiesen sind, ihre Arbeitsleistung, die einzige Erscheinungsform ihrer Erwerbswirtschaft, einer bestimmten fremden Erwerbswirtschaft einzufügen.

Die Tatsache, daß die Güter auf vielfach verschlungenen Pfaden jeweils durch eine Reihe von Erwerbswirtschaften schließlich in die Verbrauchswirtschaften, ihre letzten Zielpunkte, gleiten, ist nicht verständlich, wenn nicht die Rolle erkannt wird, die das Geld dabei spielt. Das Geld ist das bewegende Hilfsmittel in dem großen Vorgang, der sich tauschmäßig vollziehenden Bedarfsdeckung der Gesamtheit. Es ist dabei nicht zu entbehren, weil Produktion und Weitergabe der Güter bis zum Verbraucher auf den freien Entschließungen all der beteiligten Einzelwirtschaften beruhen und diese eines Antriebes bedürfen, der sie veranlaßt, die entsprechenden Güter bereitzustellen und weiterzuleiten. Der Antrieb geht von den Umständen aus, daß jede Einzelwirtschaft, die Güter abzugeben hat, ihrerseits andere Güter braucht und diese nur gegen Abgabe von Geld erhalten kann. Sie strebt nach Geld, weil an ihm die Fähigkeit haftet, Güter zu erwerben. Geld stellt gleichsam eine durch Leistung erworbene Legimitation zum Empfang einer Gegenleistung dar. Jede Erwerbswirtschaft, die Güter an andere abgibt, sichert sich eine solche Legitimation. Sie wird dadurch befähigt, Güter nach ihrer Wahl von einer fremden Erwerbswirtschaft zu entnehmen, indem sie an diese das Geld weitergibt. So wirkt das Geld als feinstes Reizmittel zum Tauschverkehr. Um Geld zu erhalten, produziert die Erwerbswirtschaft und überläßt ihr Produkt andern Einzelwirtschaften.

Indem sich das Geld als Gegengabe in den Tauschvorgang einschiebt, spaltet es ihn in zwei selbständige Abschnitte. Die Güterhingabe wird mit der Gegengabe von Geld oder doch einem Anspruch darauf zunächst abgeschlossen; die Beschaffung von Gütern durch Weitergabe des Geldes wird einem zweiten Akt überlassen.

Welcher Art im einzelnen der Dienst ist, den das Geld auf diese Weise leistet, das läßt sich erkennen, wenn klargestellt wird, an welchen Mängeln ein geldloser Tauschverkehr, ein unmittelbarer Tausch der Güter gegeneinander, leiden würde. In einer allgemein auf Tausch in Naturalform gestellten Sozialwirtschaft müßten drei grundsätzliche Schwierigkeiten auftreten.

1. Jede Tauschhandlung könnte nur zustande kommen, wenn wechselseitiger Bedarf vorliegt, d. h., wenn jede Einzelwirtschaft jeweils den Kontrahenten findet, der sowohl ihr Produkt begehrt als auch ein Produkt anbietet, das sie wünscht. Solche Kontrahenten müßten sich erst suchen. Ein entwickelter Tauschverkehr nach unseren heutigen Begriffen wäre unter solchen Bedingungen nicht möglich. Erst die Anwendung von Geld läßt die Frage der wechselseitig entsprechenden Bedarfsart verschwinden.

Charles Gide gibt in seinen „Anfangsgründen der Volkswirtschaftslehre [1]" die Schilderung eines Leutnants wieder, der in Kamerun ein Boot einzutauschen versuchte und viel Zeit und Mühe aufwenden mußte, bis es ihm gelang, mit Hilfe von Kupferdraht ein Gewebe einzutauschen, für das er Elfenbein erhielt, das Gut, gegen das der Bootsbesitzer sein Boot hergab. Die Schwerfälligkeit solcher Umstände kommt dem Menschen des volkswirtschaftlichen Verkehrs wie ein böses Märchen vor.

---

[1]) Halberstadt 1925, S. 30.

2. Selbst wenn ein Kontrahent gefunden wäre, der das Abzugebende begehrt und das Begehrte abgeben will, dann bliebe noch die Frage offen, ob Gabe und Gegengabe in ihren Größen den Wünschen entsprechen. Das würde wohl nur selten der Fall sein. Man denke nur, ein Autofabrikant wollte mit einem Schirmfabrikanten ein Tauschgeschäft machen — wie sollten sie sich einigen?

Gerade diese letzte Schwierigkeit, die Frage des wechselseitig entsprechenden Bedarfsumfanges, aber scheint beim Naturaltausch nur auf Umwegen und auch dann nach unsern Maßen nur unvollkommen überwindbar zu sein. Gewiß, der eine Kontrahent müßte versuchen, eine Anzahl verschiedenartiger Gebrauchsgüter, die er sich etwa durch Tausch mit andern erworben, darzubieten, und zwar lauter Dinge, die der Partner wünscht und zusammen auch als angemessene Gegengabe gelten läßt.

3. Was erscheint aber als angemessen? Das ist die dritte Aufgabe, die beim Tausch zu lösen ist, die Frage der wechselseitig entsprechenden Wertgröße. Die Bewertung, die auf beiden Seiten naturgemäß vorgenommen würde, müßte beim Naturaltausch zufällig sein und auf jeden einzelnen Fall beschränkt bleiben. Es wäre so gut wie ausgeschlossen, daß die Möglichkeiten eines ähnlichen Tausches mit andern festgestellt und zum Vergleich herangezogen würden.

Aus solchen Überlegungen läßt sich ermessen, welche wesentlichen Dienste das Geld allein im Tauschverkehr, in dem Heranziehen der begehrten Güter bis zum Verbraucher, leistet. Es ist kein Zufall, daß sich Geld in irgendeiner Gestalt stets schon herausbildet, wenn in einfacheren Wirtschaftszuständen der Tauschverkehr üblich wird. In solchen Verhältnissen wird der Gelddienst in der Regel von irgendwelchen wenigen Gebrauchsgütern übernommen, die allgemein begehrt und nicht häufig sind.

Jedes völkerkundliche Museum zeigt Proben von derartigem primitiven Geld. Da erscheinen Salz, Kupferbarren, eiserne Hacken, Eberzähne, Kaurischnecken, Ringe von Muscheln, Tee in Ziegelform und vieles andere. Alle diese Dinge werden in den Gebieten, wo man sie als allgemeines Tauschmittel verwendet, auch als Gebrauchsgüter begehrt, sei es als Schmuck oder Gerät oder Nahrungsmittel oder sonstwie. Natürlich muß, um sie begehrenswert und wertvoll zu machen, noch hinzukommen, daß sie dort eine gewisse Seltenheit haben. In der entwickelten Sozialwirtschaft dagegen ist der Gebrauchscharakter des Geldes fast gänzlich verblaßt. Indem es immer mehr darauf ankam, daß die Tauschmittel die geeignete Form aufwiesen, um Gelddienste zu verrichten, haben sie sich mehr und mehr von der Gebrauchsgüterwelt entfernt, wenn auch noch keineswegs ganz von ihr losgelöst.

Das Goldstück hat noch selbst Stoffwert, kann z. B. zum Schmuck umgewandelt werden und damit einem unmittelbaren Bedürfnis dienen. Die Banknote hingegen ist selbst völlig stoffwertlos, sie weist aber immer noch auf die stoffwertvolle Grundlage hin, aus der sie entstanden ist. Ihre Ausgabe pflegt nämlich an Deckungsvorschriften, auch an das Bestehen einer Golddeckung, gebunden zu sein. Diese Voraussetzung einer Goldbasis bedeutet, daß nötigenfalls jede Sorte Geld durch Umtausch in Gold wieder die Substanz eines Gebrauchsgutes anzunehmen vermag. Im inneren Tauschverkehr einer Volkswirtschaft ist die Veranlassung dazu immer seltener geworden, wohl aber bringt der internationale Verkehr diese Notwendigkeit öfters mit sich. Dort wird die ursprüngliche Natur des Geldes noch deutlich spürbar. Innerhalb der einzelnen Volkswirtschaften braucht das Geld schließlich kaum mehr etwas vom ehemaligen Sachgutcharakter an sich zu tragen. Hier ist es die täglich geübte Gewohnheit, die das Geld im Gebrauch verankert. Rechte und Sicherungen aller Art haben dafür gesorgt, daß die Gewohnheit sich befestigte. Ob das Geld noch als Gebrauchsgut verwendbar ist oder nicht, wird schließlich gar nicht mehr beachtet. Seine Gestalt hat sich im Zahlungsverkehr soweit verflüchtigt, daß sogar einfache Überschreibungen dieselben Dienste verrichten wie die Übergabe greifbarer Geldformen. Im historischen Verlauf ist so über den ersten Zustand des Geldes als schlechthin begehrenswerten Gebrauchsgutes und den zweiten als des besonders auch für den Tauschverkehr geeigneten und zugerichteten Gebrauchsgutes Edelmetall allmählich die dritte Stufe erreicht worden, auf der die Frage der unmittelbaren Verwendbarkeit vollkommen verblaßt ist, die Tauschverwendung allein von Bedeutung erscheint und der Verkehr sich mit der Erfahrung beruhigt, daß mit der vorhandenen Geldform, wie sie auch aussieht, tatsächlich gekauft und bezahlt werden kann.

Der internationale Verkehr ist soweit nicht gediehen. Im Verhältnis des Zahlungsverkehrs von einem Land in ein anderes fehlt jener Grad von Übersicht und Zutrauen, der den Verkehr innerhalb einer Volkswirtschaft auszeichnet. Vor allem aber gibt es dabei nicht die unermeßliche Skala von Möglichkeiten der Zahlungsverwendung, wie sie das einheitliche Gebiet der Volkswirtschaft aufweist. Man kann vom Inlande aus im Auslande nicht oder nur ausnahmsweise mit dem inländischen Gelde kaufen. Wenn auch im Warenverkehr hin und her Guthaben im Auslande entstehen, die wiederum zur Bezahlung von dort gegründeten Schulden verwendbar sind, so bleibt es doch notwendig, daß auch unmittelbarer Geldverkehr möglich ist. Und dafür bietet sich das Edelmetall, jetzt hauptsächlich das Gold, als Zwischenform dar, als etwas, was hier wie dort noch seinen alten, seinen grundlegenden Doppelcharakter hat, noch ebenso Gebrauchsgut von hohem Wert wie Geld ist, einen Marktpreis als Ware und einen Nennwert als Geldstück aufweist. Wenn in zwei Staaten die Goldwährung besteht, kann die Währungsmünze des einen in die des andern unmittelbar umgewandelt und somit auch umgerechnet werden. Da die andern Geldsorten jeder Währung sich auf die Währungsmünze als die gesetzliche Trägerin der Währungsbezeichnung beziehen und in sie umtauschbar sind, werden auf solche Weise die Währungen überhaupt zueinander in ein festes Nennwertverhältnis gebracht. Das gilt natürlich für alle Währungen, die auf Goldgrundlage beruhen.

Es ist sogar möglich, daß diese feste Nennwertbeziehung zwischen zwei Ländern mit Goldwährung besteht, selbst wenn gar keine Goldmünzen in ihnen umlaufen. Wenn z. B. in Deutschland, wo z. Zt. keine goldenen Währungsmünzen geprägt werden und im Umlauf sind, das Kilo feinen Goldes von der Reichsbank zu RM 2790.— (abzüglich Prägegebühr) angekauft wird, wie es der gesetzlichen Vorschrift für den Gehalt der Währungsmünzen entspricht, und in der Schweiz werden in entsprechender Weise für das Kilo Gold der feste Preis von 3437 Fr. bezahlt, dann ist damit das Nennwertverhältnis zwischen beiden Währungen, die Münzparität, festgelegt.

Im übrigen bedient sich der Zahlungsverkehr zwischen den verschiedenen Ländern in erster Linie nicht des Goldes, sondern der Bankguthaben, der Wechsel und ähnlicher Forderungsrechte, die im Außenwirtschaftsverkehr zugunsten des Exporteurs oder eines sonstigen Leistunggebenden gegenüber dem Abnehmer im fremden Lande entstehen. Solche Forderungsrechte (Devisen) werden verkauft an Personen oder Firmen, die in das betr Ausland Zahlungen zu leisten haben. Nach dem Mengenverhältnis von Angebot und Nachfrage bildet sich ein Preis für die fremden Zahlungsmittel heraus, der Wechselkurs. Gold wird nur als Ausgleich verwendet, um das Schwanken des Wechselkurses in Grenzen zu halten und der Normale der Münzparität anzunähern.

Nach den Maßen dieser Verhältnisse kann Gold im weltwirtschaftlichen Verkehr als Tauschmittel gebraucht werden. Der

Gebrauchscharakter des Geldes hat also auch in der modernen Volkswirtschaft noch eine gewisse Bedeutung. Er ist nur eingeschränkt und verdeckt. Bewußt ist man sich seiner im Tauschverkehr kaum mehr. Geld tritt hier nur als Geld auf, als Gegenspieler des Gebrauchsgutes.

Das Wichtigste ist geworden, daß jene Umständlichkeiten möglichst vollkommen überwunden werden, die den vorgeschrittenen Tauschverkehr zu ersticken drohen, wenn er in Naturalform vor sich geht. Das eben geschieht durch die Ausbildung des besonderen Tauschvermittlers Geld, der zwar noch in der Gebrauchsgüterwelt wurzelt, sich in seiner Handhabung jedoch von ihr abgelöst hat. Der Tauschakt wird zerschnitten; aus dem Austausch von Gut gegen Gut wird zunächst nur die Umwechslung von Gut gegen Geld, und dem Empfänger des Geldes bleibt es freigestellt, wie und wo er dieses Geld gegen Gut umtauschen will. Damit sind die Fragen, ob der Bedarf eines Tauschkontrahenten jeweils dem des andern nach Art und Umfang entspricht, aus der Welt geschafft. Verkauf und Kauf nehmen die Stelle des einheitlichen Tausches ein.

Der neutrale Mittler Geld läßt sich aufbewahren und wartet, bis er zur Verwendung kommt. Und für die Beurteilung, wann die Bedingungen günstig sind, kann die geldbesitzende Einzelwirtschaft aus der Natur des Geldes ausgezeichnete Anhaltspunkte gewinnen. Sie kann die Gunst der Umstände sozuzagen ziffernmäßig ablesen. Geld läßt sich zählen. Die Güter, die man gegen Geld abgegeben oder empfangen hat, sind auch mit einem Geldwert behaftet. Alles, was im Verkehr mit andern Einzelwirtschaften die kaufende und verkaufende Erwerbswirtschaft an Gütern passiert, und was in den kaufenden Haushalt eingeht, ist mit diesem Stempel des Geldwertes versehen. Alle solche Güter haben Preise, die in Geld bemessen sind. Daher lassen sie sich alle ziffernmäßig auf den einheitlichen Nenner Geld bringen. Man kann den Wert von Gütermengen, etwa von Beständen oder von verkauften Produkten, in einer einzigen Summe angeben. Man kann den Wert verschiedener Güter miteinander vergleichen, kann somit die Hingabe von Gütern mit dem Empfang von Sachgütern und Leistungen wertmäßig in Beziehung setzen. Zu dieser Möglichkeit, dem Ertrag der Verkäufe die Kosten der Ankäufe, Löhne und Mieten gegenüberzustellen, tritt noch eine andere, nicht minder wichtige. Es läßt sich nämlich von der einzelnen Wirtschaft viel mehr in Geld ansetzen, als ihr wirklich Geld gekostet hat. Überall bietet sich ihr die Gelegenheit, Preisforderungen und Tauschhandlungen zu beobachten, auch Kosten und Preise von an sich verschiedenen Gütern und Leistungen, die dem gleichen Zweck dienen, also für einander eintreten können. So wird durch mancherlei vergleichende, angleichende und vorausschauende Überlegung die Tatsache der wirklich selbst bezahlten und empfangenen Geldpreise ergänzt und die Einzelwirtschaft in den Stand gesetzt, schließlich alle erheblichen Umstände ihres Bereiches geldmäßig auszudrücken.

Auf dieser Grundlage erheben sich die Kalkulation, die Bilanz und die Erfolgsrechnung in der Erwerbswirtschaft, wird tatsächlich allgemein die Geldeinschätzung aller Dinge und Verhältnisse nicht nur möglich, sondern auch üblich und damit im System der freien Konkurrenz sogar notwendig. Der Wettbewerb zwingt zur möglichst scharfen Berechnung; denn beim Verkauf kommt es darauf an, andern Anbietern den Rang abzulaufen. Es muß aber ein Überschuß, es muß Gewinn erzielt werden. Der ganze Tauschverkehr ist von der Seite der Erwerbswirtschaften aus vom Gewinnstreben durchdrungen. Von der Höhe des Gewinnes hängt es ab, wieviel verbraucht werden und in welchen Maßen die Erwerbswirtschaft weitergeführt werden kann.

In der gedanklichen Bewältigung des Weges zum Gewinn entwickelt sich das Gelddenken des Unternehmers, ja, schließlich jedes Wirtschaftssubjektes. Denn alle Überlegungen, die im Wirtschaftsleben ziffernmäßig vergleichen und abmessen wollen, müssen mit Geldwerten, mit Preisen und Preisschätzungen, arbeiten. Nur soweit, wie Geldbegriffe zu Hilfe genommen werden, können die Erwägungen exakt, rechenhaft, sein. Der Drang nach genauer Voraussicht treibt daher das Gelddenken des Wirtschaftssubjektes weit über den Bereich seiner eigenen Wirtschaft hinaus in die Bezirke fremder Einzelwirtschaften hinein, die als Abnehmer oder Lieferer oder als Konkurrenten oder überhaupt als beachtlich, etwa als „seinesgleichen“, in Frage kommen. Und indem deren Verhältnisse und Interessen möglichst genau zu erfassen versucht werden, schweift schließlich — da mehr oder minder alle Menschen sich darin üben — das Umdenken in Geldwerte in eine fast unbegrenzte Weite der Dingwelt, dringt das Rechnen in Geld in alle erreichbaren Verhältnisse der Umwelt ein. Im Tauschverkehr ist das Gelddenken gleichzeitig Mittel und Triebkraft; es erlaubt Erwerbswirtschaft und Haushalt vernünftig zu betreiben und hält immer die Richtung auf das Ziel des Erwerbes, den Gewinn, fest. Von dem inhaltlichen Umstand des Erwerbsstrebens und dem formalen des Gelddenkens werden die Grundlinien des modernen Wirtschaftsgefüges gezogen. Ihre Voraussetzung ist der Tauschverkehr.

Der Kapitalverkehr und die Banken. Der Tauschverkehr, in dessen Verlauf schließlich die Sachgüter und Leistungen an die Verbraucher gelangen, ist nur eine Art der Verknüpfung, in der die Einzelwirtschaften verbunden sind, diejenige Art, die angesichts der Gliederung der Sozialwirtschaft in erster Linie notwendig erscheint. Sie ist aber eben infolge der Eigenart dieser Gliederung nicht die einzige. Schon aus der Tauschbewegung selbst ergibt sich ein zweites Verhältnis unter den tauschverbundenen Einzelwirtschaften. Kauf und Verkauf sind nämlich aus mancherlei Gründen oft unvollständig, d. h., der Überstellung von Gütern aus einer Einzelwirtschaft in die andere wird durchaus nicht immer gleich durch die Gegenleistung in Geld entsprochen. Diese Gegenleistung wird oft gestundet; das ist im Verkehr von Erwerbswirtschaft zu Erwerbswirtschaft sogar die Regel. Daraus ergibt sich als eine Art Normalzustand, daß, in den Zeichen des Schemas ausgedrückt, innerhalb der einzelnen Erwerbswirtschaft die Preissumme von G_p größer zu sein pflegt als der dafür bezahlte Betrag von T_p, andererseits die Preissumme der verkauften G_f größer als der dafür erhaltene Betrag von T. Regelmäßig ist also eine Verschiebung von Erwerbskapital zwischen den Erwerbswirtschaften festzustellen, indem jede von ihnen einen Teil ihres Kapitals in anderen Einzelwirtschaften gebunden, hingegen Kapitalteile von andern in sich hineingezogen hat. Das ist das strukturelle Bild, das der Warenkredit oder Stundungskredit entstehen läßt.

Diese Verschiebung der Erwerbskapitale hat nur zum Teil ihre Ursache in den technischen Schwierigkeiten der sofortigen Bezahlung. Zum größten Teil erklärt sie sich aus dem allgemeinen Bestreben, soviel Erwerbskapital wie möglich verfügbar zu haben. Und dem liegt wieder die Erkenntnis zugrunde, wie wichtig die Größe des Erwerbskapitals für den wirtschaftlichen Erfolg ist. Die Metamorphose des Kapitalumschlages, in der aus Geld Produktionsmittel, aus Produktionsmitteln Produkte und aus Produkten wieder Geld wird, hat für den Inhaber der Erwerbswirtschaft ja nur den einen Zweck, daß die Schlußsumme an Geld größer ist als der Betrag am Anfang. Der Gewinn kann gar nicht zu groß werden; denn es soll ja daraus nicht allein die Lebenshaltung bestritten, sondern auch die Erwerbswirtschaft selbst wieder erneuert und gestärkt werden. Und je mehr Geld für die Erwerbswirtschaft wieder zur Verfügung steht, um so besser ist es. Es gilt nämlich bis zu einem gewissen hohen Grade der Satz, daß die Größe der Gewinnmöglichkeit ihrerseits beeinflußt wird von der Größe des in der Erwerbswirtschaft arbeitenden Kapitals überhaupt. Das ist nicht schwer zu erklären. Das Ziel jeder Erwerbswirtschaft, daß der höchstmögliche Gewinn erreicht wird, schließt das Streben in sich, das Produkt aus Absatzmenge und Gewinn am Einzelstück zum Maximum zu machen. Die Absatzmenge wird aber bedingt von der Menge der erzeugten Stücke. Je größer das Kapital, desto größer die Summe der möglichen Gewinnträger (G_t). Das ist der erste, der sichtbarste Umstand, durch den die Größe des Erwerbskapitals die Gewinnhöhe zu beeinflussen vermag. Daneben kann sie in einer weniger direkten Weise, aber mehrfach und aufs stärkste einwirken durch Verminderung der Erzeugungskosten.

Erst dann nämlich, wenn eine Erwerbswirtschaft über Kapital von gewisser Größe verfügt, können die technischen Einrichtungen so geschaffen und kann die Arbeitsteilung so gestaltet werden, daß alle mitwirkenden Umstände aufs wirksamste ausgenutzt sind und das einzelne Produktstück aufs billigste hergestellt wird.

Genauer ausgedrückt, liegt die Verbilligung des einzelnen Produktstücks daran, daß die Einrichtungen der Erwerbswirtschaft, deren Anlage und Erhaltung ja Kosten verursachen, bei einem größeren Umfang der Produktion besser ausgenutzt werden als bei einem kleinen Betriebsumfang. Auf die Leistungseinheit entfällt ein geringerer Anteil an dem ständigen Aufwand, die solche Einrichtungen erfordern, den sogenannten festen Kosten. Diese Bezeichnung tragen sie im Unterschied von den sogenannten veränderlichen Kosten, die sich mit dem Maße der Beschäftigung ändern. Zu den festen Kosten zählen z. B. die Zinsen für Leihkapital, Mieten für Betriebsräume, Beleuchtungskosten, Versicherungsprämien, einige Steuern und manches andere. Je mehr sich der Betrieb seiner vollen Ausnutzung nähert, um so geringer fallen diese Kosten für das einzelne Produktstück ins Gewicht, während die sich mit dem Beschäftigungsgrad ändernden Kosten, die veränderlichen, in ihrem Anteil an dem Gesamtaufwand für das Produktstück wachsen. Solche veränderlichen Kosten sind z. B. die Aufwendungen für Rohstoffe, aber auch die meisten Arbeitslöhne. Die Kosten des einzelnen Produktes können also immer — wenn es im praktischen Leben auch vielerlei Übergänge und Grenzfälle gibt — als aus diesen beiden Arten zusammengesetzt gedacht werden. Bezeichnen wir diese Kostenarten mit f und v, die Kosten des einzelnen Produktes mit k und die Menge der hergestellten Produktstücke mit m, so gilt: $k = \frac{f}{m} + v\left(\frac{m}{m}\right)$. Das heißt, je mehr Stücke produziert werden, desto billiger werden sie, weil die festen Kosten immer weniger zu bedeuten haben.

Natürlich macht sich unter diesen Umständen das Bestreben ziemlich allgemein und in wachsendem Maße mit der immer rationelleren Betriebsführung geltend, diese Eigentümlichkeit der „festen Kosten" auszunutzen und durch Aufwendung eines großen Kapitals die Kostenbelastung des einzelnen Produktstückes so niedrig wie möglich zu halten [1]). In einem industriellen Betrieb, in dem der Standort, die Maschinen und andere künstliche Hilfsmittel, schließauch Art und Umfang menschlicher Arbeit grundsätzlich frei gewählt werden können, also sozusagen alle Bedingungen der betrieblichen Wirksamkeit von der Zusammenstellung durch den Unternehmer abhängen, da liegt das Optimum des Betriebs oft in einer sehr beträchtlichen Höhe des Erwerbskapitals.

Für Unternehmungen des Handels und des Verkehrs gilt im wesentlichen dasselbe. Wenn die Absatzmöglichkeit es erlaubt, streben auch sie nach großem Umfang und großer Kapitalausstattung, weil dadurch die Einzelleistung mit den geringsten Kosten belastet zu werden pflegt. Etwas anders liegen die Voraussetzungen in einem landwirtschaftlichen Betrieb, weil in ihm den unmittelbaren Kräften der Natur eine viel größere, aktivere Rolle zuzufallen pflegt. Der Landwirt ist infolgedessen in der Wahl und Zusammenstellung der Produktionsmittel weniger frei als etwa der Industrielle. Aber auch in der Landwirtschaft kann weitgehend mit künstlichen, im einzelnen käuflichen Einrichtungen gearbeitet werden und insoweit vermag auch hier bis zu einem bestimmten Maße der Kapitalumfang von Bedeutung zu sein für die Herstellungskosten des einzelnen Erzeugnisses.

Zwei Quellen stehen der Erwerbswirtschaft für die Verstärkung

---

[1]) S. dazu unten S. 63.

Grundlegend für die Erkenntnis dieser Erscheinungen ist der Aufsatz von Karl Bücher, Das Gesetz der Massenproduktion, in „Die Entstehung der Volkswirtschaft", zweite Sammlung, Tübingen 1925. Seine Feststellungen sind namentlich von Eugen Schmalenbach aufgegriffen worden, so in „Grundlagen der Selbstkostenrechnung und Preispolitik", 3. Aufl. Leipzig 1930, noch allgemeiner in „Die Betriebswirtschaftslehre an der Schwelle der neuen Wirtschaftsverfassung" (Ztschr. f. handelswiss. Forschung, Leipzig 1928).

ihres Kapitals zur Verfügung. Die eine bildet der aus dem normalen Tauschverkehr entstehende eigene Gewinn. Wenn er genügend groß ist, können Ergänzungen und Erweiterungen des Betriebes daraus bezahlt werden. Das ist die Methode der Selbstfinanzierung. Für einen schnell vorzunehmenden größeren Ausbau wird sie aber nur selten anwendbar sein, ganz abgesehen davon, daß der Gewinnrest, der nach der Versorgung des Haushaltes verbleibt, nicht gerade häufig so beträchtlich sein mag, daß über die notwendigen Erneuerungen hinaus noch Beträge für eine Ausdehnung verfügbar bleiben. Zu diesen einfachsten Ursachen kommen oft noch andere, um die Heranziehung von Kapital aus fremden Einzelwirtschaften wünschenswert zu machen. Denn das ist die zweite Möglichkeit, die sich für die Vergrößerung des Erwerbskapitals darbietet: Fremde Einzelwirtschaften zu veranlassen, daß sie Sachgüter oder Geld zur Verstärkung dieser Erwerbswirtschaft hergeben. In der Form des Warenkredits geschieht es fast unmerklich, wie oben dargestellt ist. Die andere Form ist die Geldbeschaffung aus fremden Einzelwirtschaften. Die Beschaffung von Geld als Kapital kennt zwei Wege. Entweder kann Geld geliehen, also auf dem Kreditwege beschafft werden. Dabei erhält der Geber ein Forderungsrecht gegen den Empfänger. Oder der Geber wird an der Erwerbswirtschaft beteiligt, ihm wird ein Eigentumsrecht eingeräumt. Übrigens kann diese Form auch angewendet werden, wenn nicht Geld oder nicht nur Geld, sondern Güter irgendwelcher Art der Erwerbswirtschaft zur Verfügung gestellt werden.

Beide Formen, Kredit und Beteiligung, wie sie kurz genannt werden können, sind Erscheinungen des Kapitalverkehrs. Beide haben reiche Ausgestaltungen erfahren und der Struktur der Sozialwirtschaft ihr Gepräge aufgedrückt. Der Kapitalverkehr hat eigenen Erwerbswirtschaften zur Entwicklung verholfen, deren sachlicher Zweck nicht die Bereitstellung irgendwie für die Erzeugung oder den Verbrauch unmittelbar brauchbarer Dinge oder Leistungen ist, sondern die Bereitstellung von Geld. Das sind die Banken. Die Ausbildung des Beteiligungswesens insbesondere hat außerdem die ansehnliche Reihe der Unternehmungsformen mit mehreren Inhabern entstehen lassen, und zwar neben den einfachen Personalgesellschaften — wie die stille Gesellschaft, die offene Handelsgesellschaft und die Kommanditgesellschaft — die kunstvollen und weitwirkenden Kapitalgesellschaften, deren Vertreter in Deutschland die Gesellschaft mit beschränkter Haftung, die Aktiengesellschaft, die Kommanditgesellschaft auf Aktien und die bergbauliche Gewerkschaft sind.

Es muß späteren Abschnitten überlassen werden, zu zeigen, welche hochbedeutsamen Folgen das Vordringen der Gesellschaftsunternehmungen hat, wie namentlich die Kapitalgesellschaften, und unter ihnen in erster Linie die Aktiengesellschaft, die Trägerinnen der Großbetriebe werden, wie von diesen Erscheinungen aus die neuen Gestalten der Unternehmungsverbände sich entfalten und wie im weiteren Verlauf der Entwicklung, damit zusammenhängend, schließlich wesentliche strukturformende Grundsätze der modernen Wirtschaft verändert und in Frage gestellt erscheinen. Hier an dieser Stelle soll lediglich das Triebwerk des Kapitalverkehrs selbst und seine unmittelbaren Wirkungen auf den Wirtschaftszusammenhang dargestellt werden.

Während sich im Tauschverkehr als besondere Organe diejenigen Erwerbswirtschaften ausgebildet haben, die dem Handel dienen, findet der Kapitalverkehr seine besondere Förderung durch die Banken. Genau gesehen, reicht aber die Funktion der Banken über die bloße Kapitalvermittlung hinaus und läßt sich insofern nicht mit der Tätigkeit des Warenhandels in Parallele setzen. Die Banken haben neben der Kapitalvermittlung noch die Aufgaben übernommen, den Zahlungsverkehr zu erleichtern und Vermögensbestände zu bewahren und zu verwalten, soweit diese die dazu geeignete Gestalt haben. Alle drei Hauptfunktionen hängen aber aufs engste miteinander zusammen und haben ihren Kern im Dienst für den Kapitalverkehr. Die Geldformen, die im Zahlungsverkehr auftreten, sind gleichzeitig Werkzeuge des Kapitalverkehrs, ja, sie sind mit Ausnahme des vom Staate selbst ausgegebenen Geldes alle überhaupt erst bei dessen Ausbau geschaffen worden, wie beispielsweise — um die überwiegend wichtigsten zu nennen — die Banknoten und das sogenannte Giralgeld, dessen Eigenarten unten beschrieben werden. Und die Erscheinungsformen der bei der Bank zur Aufbewahrung und zur Verwaltung hinterlegten Vermögensteile leiten sich ebenfalls zum größten Teil aus dem Verkehr mit Kapital her. Sie sind, soweit es sich um Effekten handelt, die den größten Teil der Depots ausmachen, selbst Verkörperungen von Kapital, Anrechte auf Erwerbswirtschaften oder Forderungen an solche.

Der Grundzug der kapitalvermittelnden Tätigkeit, die Banken

ausüben, läßt sich leicht bezeichnen. Indem die Banken der ständigen Tendenz zur Veränderung und Ausweitung des Wirtschaftskörpers nachgeben, nehmen sie Geld von solchen Einzelwirtschaften entgegen, die das ihnen in diesem Gelde zustehende Kaufvermögen nicht sogleich auszuüben wünschen, und leiten solchen Wirtschaften Geld zu, die es im Tauschverkehr kaufend verwenden wollen. Dieses Annehmen und Austeilen kann in zweierlei Weise geschehen. Entweder schiebt sich die Bank in diesen Vermittlungsakt als selbständiges Zwischenglied ein und wird während der ganzen Dauer der Kreditverhältnisse selbst Schuldner und selbst Gläubiger, oder sie knüpft die Verbindung zwischen gebenden und empfangenden Wirtschaften durch das Mittel der Effekten, die, jenen ausgehändigt, unmittelbar den Geldnehmer dem Geldgeber gegenüber verpflichten.

Die Anwendung des Kredits, und zwar des Kredits in Geldform, bei dem Geld unter der Bedingung einer späteren geldlichen Gegenleistung überlassen wird, ist allen Formen der Banken eigen. Die meisten nehmen sowohl Geldkredite auf als auch erteilen Geldkredite. Dabei pflegt die Befristung im Geben der im Nehmen allgemeinen zu entsprechen. Man kann von diesem Gesichtspunkt aus unterscheiden:

1. Banken, die i. d. R. nur kurzfristige Kredite geben.
2. Banken, die i. d. R. nur langfristige Kredite geben.
3. Banken, die kurzfristige und langfristige Kredite geben.

Zu der ersten Gruppe zählen die Notenbanken, die Kreditgenossenschaften und die Depositenbanken englischer Art, zu der zweiten alle die Anstalten privater und öffentlich-rechtlicher Natur, die dem Hypothekarkredit und dem Kommunalkredit dienen, wie Hypothekenbanken, Landeskreditbanken, Landschaften, Stadtschaften und ähnl., aber auch die Finanzbanken und Investment Trusts, die Aktien und Schuldverschreibungen von Großunternehmungen übernehmen, üblicherweise für eigene Rechnung, und sich die Mittel dazu durch Verkauf eigener Geschäftsanteile oder Schuldverschreibungen verschaffen. Die dritte Gruppe schließlich wird in der Hauptsache von den deutschen Kreditbanken gebildet. Sie sind es auch, die in Deutschland das Effektenemissionsgeschäft pflegen, d. h. sich damit befassen, für neue Aktien und neue Schuldverschreibungen, soweit sie nicht von den ausgebenden Einzelwirtschaften selbst untergebracht werden, Käufer zu suchen. Die Kreditbanken, deren bekanntesten Vertreter die Großbanken sind, weisen den größten Sachumfang der Geschäfte auf. Ihnen ähneln die in den letzten Jahrzehnten ausgebildeten Bankanstalten der deutschen Gemeinden, die sogen. kommunalen Girokassen und Girozentralen. Die Sparkassen, die in Deutschland durchweg ebenfalls Einrichtungen der Gemeinden sind, zeigen in ihrer Geschäftsführung die Eigentümlichkeit, daß sie einen nicht unerheblichen Teil der ihnen zugeflossenen Gelder langfristig, als hypothekarische und auch kommunale Darlehen, ausleihen, während jene angeliehenen Mittel doch grundsätzlich kurzfristig sind. Sie tun es in der Zuversicht, daß ein großer Teil der Einlagen dauernd bei ihnen ruhen bleibt, weil es eben Spargelder sind.

Wenn die Bank Spareinlagen entgegennimmt und dagegen Darlehen an andere erteilt, oder wenn sie die Kassenführung von Einzelwirtschaften übernimmt und auf solchen Konten teils Guthaben bewahrt, teils Verschuldung zuläßt — bei solchem Verfahren scheint ihre Fähigkeit, Kredite zu erteilen, von dem Umfange abzuhängen, in dem sie selbst Kredite nehmen kann. Sie wäre trotz ihres Selbsteintritts als Schuldnerin einerseits, als Gläubigerin andererseits doch nur im engsten Sinne vermittelnd tätig, mit der einen Einschränkung, daß sie in der Lage ist, um ihre eigenen Mittel die Summe ihrer Ausleihungen zu vergrößern. Tatsächlich vermag sie jedoch darüber hinauszugehen, und zwar um so mehr, je mehr Kunden sie hat, die ihr die Kassenführung übertragen. Sie kann nämlich in der Regel einen Teil der Zahlungen, mit denen sie von solchen Kunden betraut wird, ohne Benutzung von irgendwelchen körperlichen Geldformen ausführen, indem sie die Beträge vom Zahlungskonto auf das Empfängerkonto einfach überschreibt. Insoweit wie die Bank dieses Verfahren regelmäßig anwenden kann, ist sie auf ihren baren Kassenbestand nicht angewiesen. Ob allerdings dieser Teil der Zahlungsaufträge, der mit Sicherheit stets überwiesen werden kann und nicht in den Geldformen des Barverkehrs ausgeführt zu werden braucht, eine erhebliche Größe darstellt, ist eine Frage für sich. Jedenfalls braucht die Bank für diesen Bruchteil der Zahlungen, der sich immer wieder durch Überschreibung erledigen läßt, nicht auf die ihr zugeflossenen Depositen oder Kassengelder zurückzugreifen. Sie kann also einen entsprechenden Teil ihrer Kredite geben, ohne sich die Mittel dazu ihrerseits durch Kreditaufnahme zu beschaffen. Mit andern Worten: sie ist in der Lage, Kredite selbständig zu erschaffen, ja, sogar Geld entstehen zu lassen, in dem Sinne wenigstens, daß die durch ihre Krediterteilung entstandenen Guthaben ebenso als Zahlungsmittel verwendet werden können wie körperliches Geld. Solche bei Zahlungen einfach übertragene Guthaben hat man daher auch als „Giralgeld" bezeichnet. In der Praxis ist allerdings nicht festzustellen, welchen Umfang die selbständige Kredit- und Geldschöpfung tatsächlich hat; das Maß läßt sich nicht in eine feste zahlenmäßige Beziehung zum Bestande an Guthaben, also von der Bank aufgenommenen Krediten, bringen, wenn es auch durch die Zahlungssitten mit der Größe dieses Bestandes zusammenhängt.

Der Umfang der bankmäßigen Geldschöpfung wird nämlich im Zahlungsverkehr der Bank verschleiert durch den Umstand, daß durch Kontenverbindungen der Banken untereinander ebenfalls Übertragungszahlungen geleistet werden und daher sowohl neue Einzahlungen bei der Bank wie Rückzahlungen erteilter Kredite ebenso wie Zahlungen der Bank ihrerseits sich teilweise in diese unkörperliche Gestalt der Übertragungen kleiden. Wenn auf den Konten, die Banken einander zum Zwecke des Überschreibungsverkehrs einrichten, ebenfalls Kredite eingeräumt werden, so ist hierdurch wieder die Möglichkeit der Entstehung selbständigen Giralgeldes bei der einzelnen Bank erweitert; denn diese wird im Verlaufe des Zahlungsverkehrs innerhalb des Systems der kontenverbundenen Banken um so weniger andere, körperliche Zahlungsmittel zum Ausgleich brauchen.

Die Bank selbst kann in der Krediterteilung nicht eine Berechnung all der verwickelten Umstände anstellen. Sie hält sich an einfachere Merkmale. Worauf sie bei ihrer Krediterteilung unmittelbar zu achten hat, ist ihre Liquidität, d. h. die Fähigkeit, jederzeit die Zahlungen in den Geldformen zu vollziehen, die erfordert werden. In der Sorge für einen ausreichenden Kassenbestand ist auch die Rücksicht auf das richtige Maß der selbständigen Kreditschöpfung eingeschlossen. Welche Bedeutung diese hat, davon vermittelt einen ungefähren Begriff erst die Erwägung, daß tagein, tagaus innerhalb der Banken und zwischen ihnen Zahlungen ohne Münzen und Banknoten in der Summe von Millionen hin- und herfließen, daß also durchschnittlich jede einzelne Bank sich diese Wahrscheinlichkeit zunutze machen kann, nach der sie für einen Teil der Zahlungen keinerlei Vorkehrungen zu treffen, keine Geldformen von außen her sich zu beschaffen, keine eigenen Kredite aufzunehmen braucht. Und dafür, daß diese Wahrscheinlichkeit auch wirklich benutzt wird, um zusätzliche Kredite zu erteilen, sorgt schon die Rücksicht auf die eigene Rentabilität und die Konkurrenz der andern Banken. Im ganzen wird mit diesem Verfahren der Übertragungszahlung die Fähigkeit der Banken zur Kapitalbeschaffung verstärkt, die allgemeine Kapitalverknüpfung aber unübersichtlicher und unsicherer gemacht.

Die hier vertretene Ansicht, daß die Banken infolge des Übertragungsverfahrens Kredite über den Umfang der sofort fälligen Depositen hinaus gewähren können, wird von einigen Fachgelehrten nicht geteilt. Völlige Einigkeit herrscht indessen über die mengenmäßige Wichtigkeit dieser Zahlungsart. Nach dem englischen Nationalökonomen John Maynard Keynes ist anzunehmen, daß in den Vereinigten Staaten von Amerika rund 90% des gesamten Zahlungsbetrages nicht in bar erfolgt [1]). Was den Zahlungsverkehr in Deutschland anbe-

[1]) John Maynard Keynes, Vom Gelde. München und Leipzig 1932 S. 25f.

trifft, so konnte der Verfasser dieser Arbeit im Jahre 1922 feststellen, daß der durch Geldanstalten vermittelte Teil wenigstens zu 90% durch Buchübertragung vor sich ging [1]).

Wenn die kapitalsuchende Erwerbswirtschaft nicht unmittelbar Bankkredit in Anspruch nimmt, sondern sich das gewünschte Geld durch Ausgabe von Effekten zu beschaffen sucht, dann spielt die Bank der Regel nach nur eine vermittelnde Rolle. Ihre Aufgabe besteht darin, diejenigen ausfindig zu machen, die bereit sind, Geld gegen den Empfang solcher Effekten herzugeben. Sie kann dabei allerdings selbst zu einer Verpflichtung kommen, sei es, daß es ihr nicht gelingt, das zunächst übernommene Effektenpaket an andere zu verteilen, sei es, daß sie nicht beabsichtigt, das zu tun, sondern die Effekten zu behalten. In diesen Möglichkeiten liegt für die Bank einerseits das gefürchtete Risiko des Effektenemissionsgeschäftes, andererseits das Mittel, um günstige Kursentwicklungen oder Verzinsungen auszunutzen oder sogar Einfluß auf die Erwerbswirtschaft zu erlangen, die jene Effekten ausgibt.

Die Grundformen der Effekten sind Schuldverschreibungen und Geschäftsanteile. Eine Schuldverschreibung verbrieft ein Kreditverhältnis. Wer sie ausgibt, wird Schuldner, wer sie erwirbt, Gläubiger. Geschäftsanteile in Effektenform, wie Aktien und Kuxe, begründen dagegen Beteiligungsverhältnisse. Die ausgebende Gesellschaft kommt dadurch zu dem Kreis ihrer Eigentümer. Die Schuldverschreibung ist für die Strukturbetrachtung viel weniger bedeutsam als die Effektenform der Geschäftsanteile, namentlich die Aktie, wenn sie auch der Menge und dem Formenreichtum nach diese an Bedeutung übertrifft. Schuldverschreibungen stellen sowohl die Anleihen von Staaten und Städten als auch die Pfandbriefe von Hypothekenbanken und die Obligationen großer Industriegesellschaften dar. Alle haben die Bedeutung, daß sie die ausgebenden Stellen zu Schuldnern der Erwerber dieser Schuldverschreibungen machen und sie zur Zahlung von Zinsen an sie im Maße des festgesetzten Zinsfußes, schließlich auch zu Tilgungen, zumeist im Laufe von Jahren, verpflichten.

Mit der Form der Aktie ist das folgenreiche Mittel gefunden worden, ganze Erwerbswirtschaften völlig aus Fremdkapitalen aufzubauen. Wer Schuldverschreibungen ausgibt, muß schon eine

---

[1]) Max Muss, Der bankmäßige Zahlungsausgleich in Deutschland. Berlin und Leipzig 1922 S. 105.

Einzelwirtschaft, in d. R. eine Erwerbswirtschaft, betreiben; die erste Ausgabe von Aktien dagegen führt erst zur Begründung einer Erwerbswirtschaft, nämlich einer Aktiengesellschaft.

Die Effekten jeder Art sind übertragbar, können von ihren Eigentümern verkauft werden. Für die Vermittlung des Besitzwechsels stellt wieder die Bank, im Effektenkommissionsgeschäft, ihre Dienste zur Verfügung. Eine besondere Einrichtung kommt ihr dabei zu Hilfe, die Börse. Sie ist nicht eine Erwerbswirtschaft, überhaupt keine Wirtschaft für sich, vielmehr eine Stätte, an der Kauf- und Verkaufsgeschäfte bestimmter Art nach strengen Regeln und unter Aufsicht zum Ausgleich gebracht werden. An der Fondsbörse werden durch die besonders zugelassenen Vertreter der Banken Effekten und Forderungsrechte anderer Art angeboten und nachgefragt. Die Produkten- oder Warenbörse dient in ähnlicher Weise dem Großhandel bestimmter Warengruppen.

Fassen wir die strukturelle Bedeutung des Kapitalverkehrs kurz zusammen, so ist festzustellen, daß die einfachen Grundlinien, die der Tauschverkehr zwischen den Einzelwirtschaften zieht, wesentlich verwickelter werden durch den Kapitalverkehr. Der Kredit läßt Eigentum an Erwerbskapital in die Verfügungsgewalt fremder Erwerbswirtschaften wenigstens zeitweise übergehen, die Möglichkeit der Beteiligung führt in den Formen der Kapitalgesellschaften geradezu zu einer Verselbständigung, zu einem Eigenleben von Erwerbswirtschaften.

Kredit und Beteiligung sind gleichsam Grundformen einer Kraftübertragung insofern, als dadurch Kaufkraft, die in Geld verkörpert ist, auf andere Einzelwirtschaften übertragen wird. Beim Kredit geschieht das gegen Vergütung, die der Zins darstellt, bei der Beteiligung sichert sich der Geber einen Anteil an dem Gewinn, der infolge jener Kaufkraftübertragung erwartet wird. In der modernen Ausgestaltung des Kapitalverkehrs ist dieser geradezu zu einer Abart des Handels geworden, was besonders deutlich hervortritt, wenn er sich in die Gestalt der Effekten kleidet. In dieser Gestalt, in der Kredit und Beteiligung ihre Träger, die Geber der Kaufkraft, leicht wechseln können, wird die Zuweisung von Kapital im höchsten Maße beweglich. Der Handel mit Effekten vollzieht sich ganz ähnlich wie der Handel mit irgendwelchen Gebrauchsgütern. Der Kapitalverkehr fügt sich auf solche Weise in den Tauschverkehr ein. Die Wirkung aber besteht in einer so weitgehenden Tauschfähigkeit des ganzen Wirtschaftskörpers, daß Geldbesitz — besser gesagt, die Fähigkeit, Kaufkraft darzubieten — nicht bloß die Herrschaft über fremde Erwerbswirtschaften in entsprechendem Umfange ermöglicht, sondern auch ein Hin- und Herschwingen von einer Besitzgestalt in die andere, die Ausnutzung aller möglichen unmittelbaren und mittelbaren Gewinnchancen. Damit ergibt sich im ganzen gesehen eine proteusartige Verwandlungsfähigkeit der einzelnen Besitzgrößen und eine ebenso hochgradige Wandelbarkeit der Zusammensetzung selbst, die der volkswirtschaftliche Körper aufweist.

In dieser Welt des Tauschverkehrs höherer Ordnung, der abgeleiteten und schwer erkennbaren Gewinnmöglichkeiten, haben die Banken als die einzelwirtschaftlichen Organe des Kapitalverkehrs ihren Platz. Sie greifen in ihrer Tätigkeit über die eigentliche Vermittlung zwischen gelddarbietenden und geldsuchenden Einzelwirtschaften wesentlich hinaus, indem sie die Substanz dieses Verkehrs zu verstärken wissen und auch durch die Art ihrer Hilfe im Effektenverkehr, durch eigene Erwerbung von Effekten und durch ihre Dienste beim Besitzwechsel von Effekten, selbständigen Einfluß auf die Verteilung von Kapital und Kapitalmacht auszuüben vermögen.

b) Die gegenständlichen Formungstatsachen.

Beruf und Berufsaufbau. Tauschverkehr und Kapitalverkehr können sich als Allgemeinerscheinungen nur dann ausbilden, wenn die Einzelwirtschaften Ergänzung brauchen, wenn also jede von ihnen nur Teilaufgaben der wirtschaftlichen Bedarfsdeckung erfüllt. Eine solche arbeitsteilige Spezialisierung bildet die sachliche Grundlage für die Berufsgliederung. Überall, wo die Einzelwirtschaften ihre Selbstgenügsamkeit aufgegeben und sich zum Erwerb auf ganz bestimmte Sondertätigkeiten gerichtet haben, erhält das wirtschaftliche Tun eine Richtung nach außen, mit andern Worten, haftet dem Wirtschaftssubjekt ein Beruf an. Der Beruf als die Zusammenfassung bestimmter Erwerbstätigkeiten bei einer Person ist gleichzeitig etwas Sachliches und etwas Persönliches. Er wurzelt ebenso in den sachlichen Notwendigkeiten der Wirtschaftsführung wie in den persönlichen Wertungen und Kräften des wirtschaftenden Menschen. Da beide Faktoren innerhalb einer bestimmten Kulturepoche für alle Menschen gewisse Gleichmäßigkeiten aufweisen, spiegelt sich im Beruf das wirtschaftliche Wesen der Zeit überhaupt. Der Aufbau der Berufe in einer Volkswirtschaft, die Veränderungen dieses Aufbaus, die gesellschaftliche Bewertung der einzelnen Berufe, die Berufsauffassung der einzelnen, kurzum, die Bedingungen des Berufslebens, sind besonders aufschlußreiche Kennzeichen für die Struktur der betreffenden Volkswirtschaft.

Die jetzige Gestaltung der Berufe läßt sich auf fünf Tatsachengruppen zurückführen:

1. Auf die geschichtliche Verknüpfung mit der älteren, teils zunftmäßigen Gliederung der Berufe.

2. Auf die Entwicklung des Bedarfes und der sachlichen Hilfsmittel für seine Befriedigung. Diese wieder hängen einerseits mit der Bevölkerungsbewegung und dem Streben nach mehr, nach Neuem und Besserem, andererseits mit dem Stand und der Fortbildung des technischen Könnens zusammen.

3. Auf die Marktentwicklung, für die namentlich die Verteilung der Bevölkerung auf Stadt und Land und die Leistungsfähigkeit des Verkehrs, sei es Güter-, Personen- oder Nachrichtenverkehr, bedeutsam sind.

4. Auf die Entwicklung der Unternehmungsformen, der wirtschaftlichen Verbände und der Betriebsarten, allgemeiner gesagt, der Organisation der einzelwirtschaftlichen Interessen nach der rechtlichen und inhaltlichen Seite.

5. Auf den Ausbau der öffentlichen Gemeinwesen, wie Staat und Gemeinde, in ihren Aufgaben und ihrem Betriebe.

Diese Aufzählung mag genügen, um die Verwobenheit und Vielschichtigkeit des Berufsaufbaus in der Perspektive seiner Entstehung erkennen zu lassen. Auf die Einzelheiten kann hier leider nicht eingegangen werden. Das innere Wesen des Berufes im heutigen Sinne würde damit allein auch noch keineswegs verständlich zu machen sein. Seiner Erkenntnis und überhaupt dem Verständnis für die strukturelle Bedeutung des Berufes kommt man nur nahe, wenn man von dem typischen einzelnen Träger des Berufes ausgeht.

Im Leben der Gegenwart bedeutet der Beruf für seinen Träger gewiß nicht weniger als früher, etwa in der mittelalterlichen Stadt, aber er bedeutet etwas anderes. Er hat, streng genommen, seinen Sinn sogar in den letzten Generationen noch geändert. Allgemein bekannt ist, daß der Bürger des ausgehenden Mittelalters aus seinem Beruf nicht nur sein Brot und eine allgemeine gesellschaftliche Würdigung erhielt, sondern als Träger eben dieses oder jenes Berufes auch

Pflichten und Rechte besaß. Er gehörte einem Berufsstand an, war in Sitte und Recht mit seinen Berufsgenossen zusammengefügt. Wertung und Aufgabe wurden ihm nicht individuell, sondern als Angehörigen dieser Gemeinschaft zuteil, deren äußere Form die Zunft war. Und die Bewohner des platten Landes, die Grundherren und Bauern, befanden sich in nicht minder festen Bindungen. So war die jetzt überwiegend wirtschaftliche Klassifikation des Berufes damals von festumgrenzter sozialer und politischer Bedeutung, einem Inhalt, der weit über das Feld des Wirtschaftlichen hinausragte. Gerade deshalb aber mußte das Wirtschaftliche selbst sich in der allgemeinen Berufsauffassung mit einer bescheidenen, unselbständigen Stellung begnügen. Der Beruf stellte eine Aufgabe dar, die gegenüber Gott und Welt erfüllt werden mußte und die Erhaltung des eigenen Lebens mit umschloß. Dieser Auffassung entsprach auch, daß die Zulänglichkeit des Ertrages, die Nahrung, soweit wie möglich von der Gesamtheit gesichert wurde. Luther betonte den ideologischen Gehalt noch kräftiger, indem er die nüchternstrenge Pflichterfüllung im Beruf als das eigentlich gottgefällige Handeln im Alltag bezeichnete, neben dem ein beschauliches, dem Höchsten geweihtes Leben ebenso überflüssig erschien wie besondere fromme Werke. Wie bei Calvin die Hochschätzung der beruflichen Tätigkeit zu einer Art Erprobung des Gnadenstandes durch den beruflichen Erfolg wird und dadurch wieder auf das wirtschaftliche Leben zurückwirkt, hat Max Weber in einer berühmten religionspsychologischen Studie dargetan [1]).

Die hohe Bewertung der Berufsarbeit hat sich bis in die Gegenwart erhalten. Indem die Tätigkeit selbst aber ihre Zweckrichtung änderte, verschob sich ihre Bedeutung im allgemeinen Urteil. Es lag im Wesen des Liberalismus, der seit Ende des 18. Jahrhunderts in Politik, Recht und Sittenanschauung die Oberhand gewann, daß der Beruf seinen Charakter als Verpflichtung gegen die Allgemeinheit mehr und mehr verlor und ein Ausdruck der Selbstverantwortung seines Trägers wurde. Der Typus des Unternehmers setzt sich mehr und mehr durch. Die isolierte, nun allein aufs eigene Wohl gerichtete wirtschaftliche Tätigkeit mußte auch die Einschätzung des Berufs

[1]) Max Weber, Die protestantische Ethik und der Geist des Kapitalismus in: Gesammelte Aufsätze zur Religionssoziologie. Tübingen 1920.

Vgl. dagegen: J. B. Kraus, S. J., Scholastik, Puritanismus und Kapitalismus. München und Leipzig 1930.

mit einer andern Färbung versehen. Entscheidend war, daß der freie Wettbewerb alle Kräfte des wirtschaftenden Menschen erforderte und sein Erfolg, wie oben geschildert (S. 19f.), zunehmend zur Grundlage für die in der Öffentlichkeit geltende Wertskala wurde. Der Beruf als das Mittel zum Erfolg mußte von dieser Umwertung mit betroffen werden. Er büßte jedoch seine alte, aus Herkommen von früher her geprägte Bewertung weder schnell noch völlig ein. Vielleicht macht sich darin der Umstand geltend, daß der Beruf immer eine Kategorie der Gesamtheitsgliederung bleibt, eine Berufsart nur neben solchen anderer Art, ein Berufsträger nur neben anderen gleicher Art bestehen kann. Ein Gefühl für Zusammengehörigkeit, auch wohl für eine gewisse Wertnote gerade des eigenen Berufes innerhalb aller Berufe hat sich durchweg überall, wenn auch in verschiedener Stärke, erhalten, als Rest des alten Standesbewußtseins. Das will indessen nicht allzuviel sagen. Auf den Inhalt des Gemeinschaftsgefühls kommt es an. Und gerade das Gemeinschaftsgefühl ist in der Welt des Liberalismus zersetzt und verzerrt worden. Es fehlt im Bereiche dieser Denkweise, die bis zur Gegenwart immer noch vorherrscht, keineswegs ganz, aber es hat sein ursprüngliches Wesen eingebüßt. Bestimmend geworden ist im Geiste des Liberalismus, daß der Beruf Angelegenheit des einzelnen, und zwar seine Erwerbsform ist. Beruf ist Geschäft geworden. So sieht ihn auch die Öffentlichkeit an. Das ist noch die Regel in aller Welt, soweit die Erscheinung der modernen Volkswirtschaft reicht. Nur in wenigen Staaten, namentlich auch im neuen Deutschland, sind kraftvolle Ansätze gemacht worden, um das Berufsgefühl wieder mehr von dem Gedanken des Erwerbsnutzens zu lösen und es zu veredeln.

Die liberalistische Berufsauffassung erfüllt die Gemeinschaft mit einem besonderen, von dem alten Zustand abweichenden Sinn. Der einzelne übt seinen Beruf für sich aus. Nur soweit er sich in seiner Berufsausübung bedroht fühlt, oder wenn er sonstwie darin einen Vorteil erblickt, pflegt er sich mit seinesgleichen zu verbinden. Die vom einzelnen gesehene Gemeinsamkeit der Interessen führt ihn mit den andern zusammen. Das ist wenigstens die Dominante des gemeinsamen Berufsbewußtseins. In manchen Gruppen ist es freilich noch etwas anders. Geistliche, Landwirte, Offiziere, Gelehrte und manche Beamte, auch immer noch Handwerker, die unmittelbaren Erben der mittelalterlichen städtischen Wirtschaftsordnung, haben als Berufsgruppen noch stärkere Regungen des alten Geistes bewahrt.

Aber auch bei ihnen ist es immer seltener geworden, daß Gewinnstreben als Nebensache angesehen oder sogar verachtet wird. Der Reiz des Gewinnens ist zu mächtig, die Gefahr der Verdrängung und Vernichtung im Wettbewerb zu groß. Einige Gruppen können sich zwar von dem Strudel des allgemeinen Wettkampfes um wirtschaftlichen Erfolg weiter entfernt halten als andere, aber keine vermag sich seiner Wirkung ganz zu entziehen. Typisch für das Wesen des modernen Berufes im Sinne des vorherrschenden Erwerbsgedankens sind natürlich die Berufe des Handels, des Bankwesens und der Industrie.

In diesen Gruppen, deren Gestalten bemerkenswerterweise zum großen Teil auch erst verhältnismäßig jungen Ursprungs sind, gelten individuelle Erwerbstätigkeit und individueller Erwerbserfolg regelmäßig als die ausschlaggebende Legitimation für die gesellschaftliche, d. h. die allgemeine Würdigung.

Das alles läßt sich von den Selbständigen der verschiedenen Gruppen sagen. Beim Unselbständigen, dem Arbeiter, dem Angestellten, erhebt sich jedoch die Frage, ob dieser Typus überhaupt einen eigenen Beruf hat. In den ersten Jahrhunderten der Berufsentwicklung gab es den lebenslänglich Abhängigen, so wie es jetzt der typische „Arbeitnehmer" ist, kaum. Der Lehrling und der Geselle waren Vorformen des Meisters, waren Raupe und Puppe, die schließlich doch Schmetterling wurde. Mit dem Entstehen einer Schicht von dauernd Unselbständigen entsteht in ihr auch das Gefühl der Unterdrückung und der Abneigung gegen diese Stellung im Wirtschaftsgefüge. Man darf zweifeln, ob noch Raum für ein Berufsgefühl bleibt, wenn die Tätigkeit des Arbeiters diesem nicht nur keine Befriedigung gewährt, sondern allein als Fron empfunden wird. Gewiß kann man einwenden, daß es so schlimm nicht überall steht. Der Setzer, der Former, der Modellschreiner und mancher andere Arbeiter selbst im industriellen Großbetrieb mag sich durchaus als wichtiges Glied des Wirtschaftskörpers fühlen und aus den Anforderungen, die an seine persönliche Geschicklichkeit, Sachkenntnis und Beherrschung einer veränderlichen Situation gestellt werden, die Basis für berufliche Selbstachtung, sogar für einen kräftigen Berufsstolz, gewinnen. Aber die Frage ist zweifach. Sie betrifft nicht bloß den Charakter der zu leistenden Arbeit. Auch bei weniger qualifizierten Lohnarbeitern finden sich immer wieder Tätigkeiten, die eigene Entschlüsse und eigenes Können verlangen, wenn auch die einförmige und mechanische Arbeit mit der verstärkten technischen Ausrüstung und der verbesserten Organisation zugenommen hat. Die andere wichtige Seite der Tätigkeit aber ist, daß sie an Anordnung und Überwachung von oben her gebunden ist. Es ist die Tatsache, daß der Lohnarbeiter in der arbeitsteiligen Ordnung der Gesamtaufgabe, die eine Unternehmung erledigt, an unterster Stelle steht. Nicht nur findet sich seine Arbeit hinter der entwerfenden, leitenden, beaufsichtigenden Arbeit anderer Personen angeschlossen, sondern diese Personen selbst müssen seine Persönlichkeit in einem System von Vorgesetztenverhältnissen während der Arbeitsdauer bevormunden. Hier, in der Ausübung von übergeordneten Betriebsfunktionen, liegen die Möglichkeiten zu mehr oder minder quälenden Verletzungen des Selbstgefühls der untergeordnet Arbeitenden, eines Selbstgefühls, das gerade durch die Betonung des Wertes der Einzelpersönlichkeit im Liberalismus besonders gepflegt worden ist. Die Fragen des gleichen Wertes und gleichen Rechtes, die von dieser Seite her aufgerührt werden, finden sich weiterhin betroffen von den Beobachtungen der Unterschiede, die in den Einkommen und den Möglichkeiten der Lebenshaltung gegeben sind. Gerade diese Divergenzen werden am stärksten empfunden und zum Ausdruck gebracht, weil sie als Ergebnisse des Erwerbsstrebens im Mittelpunkt des Gegenwartsdenkens stehen. Bei allen diesen Tatsachen ist ja die Beurteilung entscheidend. Es ist wohl die stärkste Wirkung von Karl Marx, daß er bei den Lohnarbeitern das Gefühl weckte, ihr Wert sei in der herrschenden Wirtschaftsordnung verkannt, ihr Recht auf den Ertrag mißachtet. Aber gerade diese Beurteilung erhebt sich auf der Grundlage der individualistischen, nicht der sozialistischen Denkweise. Sie geht von dem ohne Rücksicht auf den Gesamtzusammenhang gesetzten Axiom des Einzelinteresses aus und führt, ganz ähnlich wie das Berufsinteresse des Selbständigen, zur Gruppenbildung des gleichen Wirtschaftsstrebens bei den Unselbständigen. Das heißt, auf diese Weise gestaltet sich eine Schicht, die in sich das gleiche wirtschaftliche Einzelstreben, nach außen den Gegensatz zum tauschmäßig anders gerichteten Interesse empfindet und wesentlich in diesem aus der antagonistisch gegliederten Wirtschaftsordnung abgeleiteten Denken sich zusammenhält.

Das Berufsgefühl des Angestellten ist dem Empfinden des Lohnarbeiters nicht in allem gleich. Auch er ist unselbständig und abhängig, auch ihn ergreift das Eigeninteresse als ein dem Arbeitgeberentgegengerichtetes Interesse, aber sein Fühlen geht von einer andern sozialen Einschätzung aus. Diese hat noch starke Elemente des alten bürgerlichen Selbstgefühls in sich. Die Gruppe der Angestellten ist als eine Einheit von besonderem Empfinden jung. Solange die Erwerbswirtschaft im Durchschnitt noch klein ist und namentlich die Kapitalgesellschaften nur wenig verbreitet sind, solange gibt es keine große Anzahl von Angestellten und ist auch der Stand des Angestellten noch vielfach eine Durchgangsstufe zum selbständigen Kaufmann, Bankier oder kleinen Industriellen. Die Angestellten sind großenteils selbst Kinder von Selbständigen, in der Welt des Bürgers aufgewachsen, an sie gewöhnt. In dieser Welt suchen sie auch zu bleiben, wenn die Aussicht, zu einem Selbständigenberuf zu kommen, geringer wird. Sie nimmt ab mit dem Vordringen der Aktiengesellschaft und ähnlicher Unternehmungsformen, aber in diesem neuen Milieu gibt es eine Art Ersatz. Das ist die Stellung des gehobenen Angestellten, des Prokuristen, des Betriebsleiters, des akademisch gebildeten, zuweilen mit besonderen Aufgaben betrauten Angestellten. Soweit zu kommen, hofft der junge Angestellte wenigstens und sucht durch geeignete Vorbildung dem gewünschten Schicksal so weit wie möglich in die Hände zu arbeiten. Und schließlich winkt ihm sogar die Möglichkeit, bis in die Leitung einer großen Unternehmung aufzusteigen. Daß der Marschallsstab noch im Tornister verborgen sein kann, daß man überhaupt mit einigem Glück zu Rang und gutem Einkommen zu gelangen vermag, stärkt das Berufsgefühl und die Selbstbewertung des Angestellten noch immer. Und wenn auch im weiteren Verlaufe der Entwicklung die Chance kleiner geworden ist, so hat sich dafür immer deutlicher eine andere Lockung zur Schau gestellt: der beamtenähnliche Charakter, die größere Übersichtlichkeit und vielleicht auch Sicherheit von Stellung und Einkommen.

Keine andere Gruppe von Erwerbstätigen ist so kennzeichnend für den Aufbau der gegenwärtigen Wirtschaft wie die Angestellten. Sie sind der Berufsstand, der den Grundzug der fortschreitenden Großgestaltung und Vereinigung von Erwerbswirtschaften am deutlichsten widerspiegelt. Je mehr die Durchschnittsgröße der Unternehmungen wächst, desto zahlreicher wird die Gruppe der Angestellten, desto mehr nimmt die der Selbständigen ab. Die Aktiengesellschaft, der Prototyp der modernen Gesellschaftsunternehmung, weist, abgesehen von dem nur lose angefügten Aufsichtsrat, im täglichen Betrieb neben Arbeitern überhaupt nur Angestellte auf. Auch das Verbandswesen, das sich in den letzten Jahrzehnten in allen Volkswirtschaften ausgebreitet hat, läßt von sich aus eine Menge Angestelltenberufe entstehen.

Nach den deutschen Berufs- und Betriebszählungen der Jahre 1895 und 1925 verteilen sich die hauptberuflich Erwerbstätigen nach ihrer sozialen Stellung folgendermaßen:

	1895	1925
Selbständige	25,5%	17,3%
Angestellte und Beamte	10,0%	16,5%
Arbeiter	48,3%	45,1%
Mithelfende Familienangehörige	9,0%	17,0%
Hausangestellte	7,2%	4,1%

Die Abnahme der Selbständigen und die Zunahme namentlich der Angestellten und Beamten während der letzten dreißig Jahre tritt besonders deutlich hervor. Die Unselbständigen (ohne die mithelfenden Familienmitglieder) machen neuerdings in ihrer Gesamtheit etwa zwei Drittel aller Erwerbstätigen aus. Dies Verhältnis hat sich auch nach der Zählung von 1933 nicht geändert.

Die Wahl des Berufes ist nicht mehr, wie noch vor etwa einem Jahrhundert, dem einzelnen beengt durch Standesanschauungen und sogar Standesgebote. Vielmehr spielt auch in dieser persönlichen Seite des Wirtschaftslebens jetzt eine Art Wahrscheinlichkeitsrechnung über Kosten und Erwerbsmöglichkeiten die erste Rolle. Immerhin sind hier noch soziale Auffassungen, namentlich die Schätzungen des Elternhauses über den Wert, oft die konventionelle Bedeutung der verschiedenen Berufe von großem Einfluß. Von dem Lebenskreis der Familie wird ja auch die Übersicht über die Berufe und ihre Aussichten ebenso bestimmt wie die Frage der Vorbildung, die wesentlich von der Möglichkeit abhängt, die Kosten dafür aufzubringen. Endlich aber sprechen in der Berufswahl naturgemäß auch die persönliche Eignung und die Neigung ein gewichtiges Wort mit, wenn auch durchaus nicht immer mit dem Gewicht, das für diese persönlichsten Umstände in einer Ordnung freier Berufswahl vermutet werden sollte.

Bei einer solchen Bedeutung der Freiheit in der Berufswahl, bei diesem Vorwiegen der wirtschaftlichen Erfolgsschätzung und des Aufwandsvermögens sieht sich die Entwicklung der Wirtschaft auch von der Seite der Berufsbildung her nach dem Prinzip des Gewinnstrebens gefördert.

In dem Drang, ergiebige Erwerbsarten zu finden, werden auch

fortwährend neue ausgebildet, indem mehr und mehr Tätigkeiten des Haushaltes zum Inhalt von Erwerbswirtschaften gemacht und im ganzen die an sich niemals ganz gesättigten Bedürfnisse auf feinere, reichere Formen der Befriedigung verwiesen werden.

Als Beispiele für Berufe, die erst in neuerer Zeit aus Abtrennungen von Tätigkeiten aus dem Haushalt entstanden sind, mögen nur die in der Konservenindustrie und ihren Hilfsgewerben, in Wäschereien und Plättereien, in der Anfertigung von hauswirtschaftlichen Maschinen und Apparaten gebundenen Berufe genannt sein. Die Anwendungen neuer Mittel und Verfahren, also die Ergebnisse des technischen und chemischen Fortschrittes, greifen natürlich in diesen Verlauf entscheidend ein. Von der Weiterbildung der Technik, die neue und bessere Wege für die Bedürfnisbefriedigung bahnt, werden oft ganze Gruppen von neuen Berufen zum Leben erweckt. In dieser Hinsicht sei an die Erfindung des Automobils usw. erinnert. Auch in der Erzeugung und Anwendung von Elektrizität und Gas sind in jüngster Zeit eine große Anzahl neuer Berufe entstanden.

In der Zusammensetzung der Berufe spiegelt sich der Stand der erkannten und ergriffenen Erwerbsmöglichkeiten wider. Das heißt, von der Gesamtheit der Volkswirtschaft aus gesehen, der Berufsaufbau ist das Abbild des subjektiv und objektiv möglichen gesamten Leistungsvermögens in der gegenseitigen Bedarfsversorgung. In dieser Perspektive machen sich in jeder Volkswirtschaft die besonderen Umstände der natürlichen Ausstattung sowie der geschichtlichen und gesellschaftlichen Verhältnisse geltend.

Schon ein Blick auf die allgemeinen Grundlinien des Berufsaufbaus zeigt, wie verschieden der wirtschaftliche Charakter der einzelnen Nationen ist. Nach den letzten statistischen Feststellungen sind z. B. in der Landwirtschaft und verwandten Wirtschaftszweigen tätig: im Deutschen Reich 28,9% aller Erwerbspersonen, in Frankreich 38,3%, in Großbritannien 7,8%, in Jtalien 55,7%, in den Vereinigten Staaten von Amerika 26,3%, in der Sowjetunion 85,0%. Die entsprechenden Ziffern der Industrie und des Bergbaus lauten: für das Deutsche Reich 40,4%, Frankreich 33,8%, Großbritannien 44,3%, Italien 22,9%, Vereinigte Staaten 34,3%, Sowjetunion 6,0%. Handel und Verkehr weisen folgende Anteile der Erwerbspersonen auf: Deutsches Reich 18,4%, Frankreich 16,3%, Großbritannien 27,2%, Italien 10,1%, Vereinigte Staaten 19,6%, Sowjetunion 2,9%.

Erst mit der Kenntnis solcher Eigentümlichkeiten kann die grundsätzliche Gliederung der Berufe richtig verstanden werden. Der Berufsaufbau läßt sich natürlich in jeder Volkswirtschaft in großen Zügen nach der Zusammengehörigkeit der Wirtschaftszweige deuten. In jeder Volkswirtschaft pflegen die Hauptgruppen der Wirtschaftszweige vertreten zu sein, die insgesamt für die Versorgung des Volkes in Betracht kommen, wenn auch hier und da einige fehlen mögen, soweit nämlich die natürliche Ausstattung des Landes oder die Ausbildung der Verkehrsmittel oder der Stand der Industrie wesentliche Lücken aufweisen.

Das vorbehalten, zeigt jede Volkswirtschaft grundsätzlich das Bild eines harmonischen Gefüges von Wirtschaftszweigen. Auf die Urproduktion, zu der Landwirtschaft, Forstwirtschaft, Jagd, Fischerei und Bergbau zählen, baut sich die Weiterverarbeitung, das Gewerbe, in Gestalt von Industrie und Handwerk auf, während der Handel für die Verteilung, der Verkehr für die Zuführung der Güter sorgt. Die Banken aller Art führen dieser Arbeitsmaschinerie der Volkswirtschaft gleichsam den Kraftstrom des Geldes zu, und die Versicherungsgesellschaften bauen in das Gefüge Stützen und Sicherungen hinein, die im übrigen in anderer Weise und Bedeutung auch von allerhand Verbänden und Vereinigungen innerhalb der einzelnen Wirtschaftszweige dargeboten werden. Hinter dem Ganzen steht schützend, fördernd und regelnd die Staatsmaschinerie, stehen die Einrichtungen des Lehr- und Bildungswesens, der Rechtspflege, der Verwaltung, des Heeres, stehen schließlich Kirche und Kunststätten und all die freien Berufe, die dem körperlichen, geistigen und seelischen Wohl des Volkes noch zu dienen versuchen. In solcher Perspektive kann man jeden Beruf als Glied eines großen Ganzen, dieses Ganze, die Volkswirtschaft, als ein zweckhaft gefügtes Gebilde sehen. Aber die Schau erfaßt doch nur in großen Zügen die qualitative Seite, die Gruppen der Berufstätigkeit. In bezug auf die Besetzung der Berufe und auch die Mannigfaltigkeit ihrer Arten fehlt die Harmonie, pflegt die Proportionalität gestört zu sein. Natur und Geschichte haben in jeder Volkswirtschaft Einseitigkeiten ins Leben gerufen; teils mangelt es an notwendigen Leistungen, teils ist Überfluß daran vorhanden.

Vom einzelnen aus gesehen, kann der Beruf i. d. R. frei gewählt und ausgeübt werden. Jeder hat in der Wirtschaftsverfassung, wie sie heute noch gilt, das Recht, über sich selbst zu entscheiden. Im Zusammenklang aller Bedingungen formt sich aus allen Berufsträgern der lebendige Körper der Volkswirtschaft, freilich niemals bis jetzt bis zur Vollständigkeit. Alle Volkswirtschaften sind unvollkommen, für einen Teil ihres Güterbedarfes auf die andern angewiesen. Die weltwirtschaftliche Verflechtung, die sich daraus ergibt, gehört zum strukturellen Bild der modernen Wirtschaft. Aus der Zusammensetzung der Berufe ist der Grad der Abhängigkeit nicht ohne weiteres zu erkennen, obwohl natürlich die Stärke derjenigen Berufe, die unbedingt lebensnotwendige Güter darbieten, wie etwa die landwirtschaftlichen, in ihrem Größenverhältnis zu anderen Berufsgruppen dafür einen Anhalt darzubieten scheint. Eine Volkswirtschaft mit überwiegend landwirtschaftlicher Bevölkerung ist nur dann unabhängiger vom Ausland als eine mit vorwiegend industriell und kaufmännisch Tätigen, wenn ihre ganze Bevölkerung sich durchschnittlich mit einer bescheideneren und weniger veränderlichen Lebenshaltung begnügt.

Trotz der Unvollständigkeit ist aber der Berufsaufbau in jeder Volkswirtschaft unter der Herrschaft der freien Berufswahl und des freien Wettbewerbs insofern der bestmögliche, als grundsätzlich die Berufe sich nach den Verdienstmöglichkeiten, das heißt nach dem in Preisen und Kosten sich ausdrückenden allgemeinen Bedarfsstand mehr oder minder reichlich besetzen können. Schon Adam Smith hat darauf hingewiesen, daß bei vollkommener Freiheit der Berufsausübung und des Außenhandels in jeder Volkswirtschaft nur diejenigen Güter erzeugt und dargeboten würden, die dort am günstigsten, d. h. wirtschaftlich am wohlfeilsten bereitgestellt werden könnten. Die tatsächliche Unvollständigkeit im Berufsaufbau jeder Volkswirtschaft hat aber naturgemäß nicht allein in dieser Tatsache seinen Grund, sondern auch in den zahllosen Einwirkungen, die beabsichtigt und unbeabsichtigt von der wirtschaftlichen und sozialen Politik ausgehen, ganz abgesehen von den oben dargestellten gesellschaftlichen Motiven und den Erkenntnismängeln, die bei der Berufswahl mitsprechen. Der Einfluß, den im reinen theoretischen Fall die Freiheit des wirtschaftlichen Gebahrens auf den Aufbau der Berufe ausübt, wird in der empirischen Wirklichkeit von vielen Faktoren, namentlich von solchen, die nicht im engsten Sinne wirtschaftlicher Natur sind, gebrochen und abgeschwächt. Im Leben steht eben das Wirtschaftliche nicht für sich gesondert da, ist es kein „Ganzes". Das lebendige Wesen der Berufsverhältnisse unterliegt immer noch, wenn auch in differenzierter Stärke, dem Einfluß schlechthin aller Strömungen, die Ausdruck des Lebens von Persönlichkeit und Gesellschaft sind.

Betrieb, Betriebsgestaltung und Technik. Im Begriff des Betriebes ist das Moment einer Bewegung und das eines Bestandes vereinigt. Betrieb ist — um es mit den Worten von Gottl-Ottlienfelds zu sagen — „Dauervollzug bestimmter Vorgänge auf der Grundlage ein für allemal getroffener Vorkehrungen"[1]). Die Art der Vorkehrungen und die Art der darauf gegründeten Verrichtungen werden vom Beruf bestimmt. Die Träger des Berufes formt und handhabt seine Erwerbswirtschaft als Betrieb oder, wenn es sich um eine größere Unternehmung handelt, oftmals als Betriebe. Denn eine Erwerbswirtschaft kann mehrere Betriebe umfassen, wenn nämlich die Gesamtheit der geschaffenen Vorkehrungen in mehrere zweckhaft zusammengestellte Systeme geordnet ist. Der Beruf wird ausgeübt,

---

1) v. Gottl-Ottlilienfeld, Bedarf und Deckung, Jena 1928 S. 28; s. a. Ders., Wesen und Grundbegriffe der Wirtschaft, Leipzig 1933 S. 57.

indem die entsprechend gestaltete Erwerbswirtschaft betrieben wird. Ihre Bewegung ist die Berufsausübung. Andererseits erhält der Beruf seine soziale Note durch die Frage, ob er mit Hilfe eigener Mittel des Berufsträgers selbständig ausgeübt wird, oder ob er sich in die Reihe der Mittel eines fremden Berufsträgers eingeordnet findet. Daß er Herr eines eigenen und nicht Teil eines fremden Betriebes ist, scheidet den Selbständigen vom Unselbständigen, den Unternehmer vom Arbeiter, Angestellten und Beamten.

Erst durch den Betrieb wird der Beruf verwirklicht. Erst durch den Beruf, dem er zu dienen hat, erhält der Betrieb sein Wesen. Je nach dem Aufgabenkreis des Berufes muß der Betrieb besonders gestaltet sein. Ein landwirtschaftlicher Betrieb ist immer anders als ein kaufmännischer oder ein industrieller. Aber die landwirtschaftlichen wie die andern können sich aus dem üblichen Gesamtbereich der Produktionsaufgaben Ausschnitte von verschiedener Größe und Eigenart auswählen; sie können sich mehr oder weniger spezialisieren.

Davon, von dem Produktionsgebiet und der Sonderaufgabe, die von dem Betriebsinhaber gewählt ist, gehen die sachlichen Normen für die Gestalt des Betriebes aus. Ein Weidebetrieb der Nordseemarschen hat mit andern Lebewesen, Geräten, Gebäuden, Hilfsmitteln zu arbeiten, zeigt andere Tätigkeiten, Zeiteinteilungen, Sorgen und Gefahren, als ein bäuerlicher Normalbetrieb auf der Geest mit vorwiegendem Felderbau und etwas Viehhaltung. Die Aufgabe stellt immer gewisse Mindestansprüche an die Zusammenstellung der Mittel. Infolgedessen weisen Betriebe derselben Produktionsart in der Regel äußere Ähnlichkeiten auf. Diese sind um so größer, je mehr Herkommen und Brauch maßgebend sind, und wo diese eine geringe Rolle spielen, ist die äußere Gleichartigkeit in dem Maße stärker ausgeprägt, wie es auf die reinen und ungeformten Naturkräfte und weniger auf Organisation und Technik, die vom Menschen mannigfach ausgebildeten Handhaben, ankommt.

Die Bauern und oft auch die Handwerker pflegen in denselben Gebieten zu gleicher Zeit große Ähnlichkeiten in der Art aufzuweisen, wie sie ihre Betriebe zusammenstellen und führen. Diese beiden Berufsgruppen, namentlich die erstgenannte, sind fast überall noch stark traditionsgebunden. Das ist bei der industriellen Bevölkerung viel seltener der Fall. In der Industrie, den in größeren Erwerbswirtschaften betriebenen Gewerben, ist überdies die Betriebsweise in weitem Maße durchdacht, planvoll eingerichtet und auf Maschinen und andere technischen Einrichtungen gestellt. Die Natur pflegt unmittelbar nur noch insofern mitzuwirken, als sie den Grund und Boden als Tragfläche der

Industrieunternehmung stellt. Hier gibt es viel mehr Bewegungsfreiheit in der Auswahl und Zusammenstellung der einzelnen Hilfsmittel als in der Landwirtschaft, die an sich stärker naturgebunden ist. Ob die Betriebe sich ähneln, hängt zum großen Teile davon ab, ob sie auf der gleichen Stufe der fortwährend weiterschreitenden Technik und Organisation stehen. Die Ungleichartigkeit der technischen Ausrüstung hat natürlich auch Unähnlichkeit der Betriebsgestalt zur Folge. Derartige Unähnlichkeiten sind überall dort besonders wahrzunehmen, wo Kleinbetriebe und Großbetriebe der gleichen Sonderaufgabe dienen, z. B. im Druckereigewerbe, in manchen Zweigen der chemischen Industrie, der Holzbearbeitung usw.

Welche Technik aber auch immer angewendet wird, und einerlei ob Kleinbetrieb oder Großbetrieb in Frage kommt, auf jeden Fall muß der Betriebsinhaber den sachlichen Ansprüchen seiner Produktionsaufgabe zu entsprechen suchen, damit das gewünschte Sachergebnis herauskommt. Ganz bestimmte Formungsarbeiten wollen getan sein, wenn aus Leder ein Paar Schuhe, aus Papier ein Buch entstehen, aber auch, wenn nur zum Kauf von Zigarren oder Schreibwaren angeregt werden soll. Der Betrieb stellt bestimmte sachlich-technische Anforderungen, einerlei ob er gewerblicher, kaufmännischer oder irgendeiner andern Art ist.

Die Anforderungen können allerdings unter Umständen mit einem geringen Aufwand von eigener Initiative des Betriebsinhabers erfüllt werden, nämlich dann, wenn das Schema des Betriebes aus vorliegenden Beispielen übernommen wird. Das kann aus Bequemlichkeit oder mangelnder Fähigkeit geschehen, kann aber auch aus Sitte und verpflichtendem Brauch geboten sein. Jahrhunderte hindurch veränderte sich im Handwerksbetrieb das Verfahren nur sehr langsam. Der Zunftmeister war der Regel nach gehalten, das „gesuchte Neue“ zu meiden. Seit der Aufhebung des Zunftwesens ist das anders. Der freie Wettbewerb des Liberalismus gebietet genau das Gegenteil, nämlich immer wieder Neuerungen zu suchen, die den Betrieb verbilligen und das Produkt verbessern, wenigstens in dem Sinne, daß es dem Begehr des Verbrauchers noch besser entspricht. Altgewohnte Mittel der Bedürfnisbefriedigung billiger darzubieten und neue Güter für alte und neue Bedürfnisse, für bekannte und neue Verwendungen, zu ersinnen, ist ein aus der Freiheit der Wirtschaft und des Wettbewerbs entspringendes Gebot, das jeder Unternehmer nur auf die Gefahr hin verachten darf, daß er von seinen Konkurrenten aus dem Felde geschlagen wird. Der Kraft dieser Bedrohung tritt die Lockung des Gewinnstrebens zur Seite.

Wer rastet, der rostet. Der Betrieb will immer aufs neue überprüft, immer wieder verbessert, ergänzt, erweitert werden. Die Bedingungen, unter denen die Chancen der Erwerbswirtschaft stehen, ändern sich fortwährend. Der Bedarf nach den betreffenden Gütern, die Leistungen der Wettbewerber, die technischen Möglichkeiten der Erzeugung, die Kosten, die Preise — alles ist stets im Fluß und verlangt eigentlich stetige Anpassung des Betriebes.

Und zwar kommt es darauf an, daß die Zusammenstellung und Handhabung der Betriebsmittel stets ausgerichtet ist auf den Absatzmarkt, weil hier die Möglichkeit, Gewinn zu erzielen, letzten Endes entschieden wird. Eine geschmeidige und zweckmäßige Ordnung des Verkaufes ist ebenso wichtig wie die Regelung des inneren Getriebes, bei dem übrigens, nach der andern Seite hin betrachtet, natürlich auch der Zusammenhang mit dem Ankaufsmarkt, der günstigen Beschaffung von Rohstoffen und andern Betriebsmitteln, eine entsprechende Rolle zu spielen hat. Erst dann ist den Ansprüchen des Betriebes entsprochen, wenn der ganze Umfang dieser Bedingtheiten berücksichtigt worden ist. Nur in denjenigen Gebieten des Wirtschaftslebens darf ein einfacheres Verfahren als zureichend angesehen werden, wo allgemein Herkommen und Beharrung noch größere Bedeutung haben und den Wettbewerb sich ruhiger vollziehen lassen. Wo aber, wie namentlich in der Industrie, der Druck auf Anpassung und Verbesserung stets zu spüren ist, da steht das Gelingen unter den beiden Voraussetzungen, daß Einrichtung und Gang des Betriebes von dem oben bezeichneten Gesamtinteresse der Erwerbswirtschaft aus vollständig durchdacht wird, und daß die darnach zweckentsprechende Regelung hergestellt werden kann. Das völlige Durchdenken im Sinne der Berücksichtigung aller Umstände ist die grundlegende Vorbedingung für die bestmögliche Einrichtung des Betriebes. Beide Bedingungen, auch schon die erste, werden jedoch tatsächlich nur mehr oder minder unvollkommen erfüllt. Das ist hinsichtlich der zweiten nicht anders zu erwarten. Weder bei der Errichtung noch im Gang des Betriebes wird es möglich sein, die beste Regelung, die denkbar ist, zu verwirklichen. Denn das Optimum an Erwerbskapital steht nicht immer zur Verfügung, und die Beweglichkeit der Betriebseinrichtung vermag nie in vollem Maße den Änderungen der Wirtschaftserfordernisse zu entsprechen. Überdies sind Irrtümer und Mängel beim Planen, Einrichten und beim Durchführen des Ganges nicht zu vermeiden. Insoweit spielt die Unvollkommenheit des Menschenwerkes ihre selbstverständliche Rolle. Es ist aber bemerkenswert, daß bis in die jüngste Zeit auch das planmäßige Durchdenken zu wünschen übrigließ. Die „Rationalisierung“ des Betriebes war trotz aller Schärfe und aller Finessen des Wettbewerbes noch nicht sehr weit gediehen, so daß erst nach dem Weltkriege diese Leitregel sich verbreitete, dann allerdings, wenigstens in Deutschland, zum Schlagwort und vielfach mißverstanden wurde.

Gewiß haben größere und manche kleinere Unternehmungen, namentlich in der Industrie, im Bankwesen und im Verkehrswesen, schon seit langem den Standort, die Ausstattung und das Arbeiten ihrer Betriebe sorgfältig überlegt, aber die Frage der zweckmäßigsten einheitlichen Durchgestaltung der ganzen Unternehmung wurde nur selten gestellt, noch seltener gelöst und blieb vor allem kaum irgendwo in Permanenz. Die einmal gewählte Form erhielt sich der Regel nach lange und wurde doch nur gelegentlich an einzelnen Punkten verändert. Bei weitaus der Mehrzahl aller Betriebe, insbesondere in kleinen Erwerbswirtschaften, aber blieb die Aufgabe der Organisation, selbst des inneren Betriebsganges, völlig im Schatten. Die Ansprüche und Sorgen, wie sie der Ablauf des Tages immer aufs neue mit sich brachte, beherrschten das Denken: Die Fragen des Absatzes, der Rohstoffbeschaffung, des Kredites und der Bezahlung, die laufenden Aufgaben der technischen Durchführung des Betriebsganges und ähnliches. Das war im Industriebetrieb nicht viel anders als im Betrieb eines Einzelhandelsgeschäftes und eines Handwerkers. Von den formalen Mitteln, die die Erwerbswirtschaft aus dem Antrieb zur vernünftigen Durchdringung und Gestaltung ausbildete, kamen durch Jahrhunderte im allgemeinen nur das Rechnen und das Buchführen zu höherer Ausbildung. Aus ihnen leiteten sich die Methoden der Rentabilitätsmessung, des Bilanzierens und Kalkulierens ab. In diesen Verfahren der Feststellung und Vorausschau des Ertrages sind überaus mannigfaltige und feine Formen ausgebildet worden. Gerade aber die Frage der Organisation, die zu kurz kam, — die Ermittlung der technisch wirkungsvollsten und wirtschaftlich ergiebigsten Zusammensetzung und Zusammenfassung aller Kräfte — geht das Leben des Betriebes unmittelbar an. Und indem die ordnende Vernunft hier schärfer eindringt, muß auch schließlich die Erwerbswirtschaft als Ganzes unter dem Gesichtswinkel ihrer Zwecke und Bindungen, also von ihrer Verbundenheit mit dem Markt aus, planmäßig durchdacht werden.

Dieser Aufgabe hat sich die Ratio nach dem Weltkriege vielerorts unterzogen. Allerdings geschah das zunächst überwiegend als Versuch, den inneren Betrieb mehr oder minder isoliert zu regeln, während die noch viel schwierigere Abmessung nach der wirklichen Absatzmöglichkeit und die planmäßige Ausbildung aller Methoden, um diese zu ermitteln und zu stärken, im Hintergrund blieben. Die ersten Ansätze zur umfassenden Betriebsgestaltung auf wissenschaftlicher Grundlage zeigen sich in der Industrie. Nachdem in den Vereinigten Staaten schon seit Beginn dieses Jahrhunderts bei manchen Großunternehmungen die Betriebsgestaltung weitgehend rationalisiert und mechanisiert worden war, drang seit 1912 namentlich eine Methode technischer Bestgestaltung, das sogenannte Taylorsystem, in der Industrie vor, und zwar hauptsächlich in Amerika und in Deutschland [1]). Hatte das Taylorsystem versucht, den Menschen als Produktionsfaktor in möglichst enge Verbindung mit den mechanischen Hilfsmitteln im industriellen Betriebsgang zu bringen, und dadurch der menschlichen Natur des Arbeiters vielfach Gewalt angetan, so bemühte sich die daran anknüpfende Entwicklung, diesen Mangel zu beheben, den psychischen und physischen Kräften des arbeitenden Menschen so genau wie möglich Rechnung zu tragen, und gerade dadurch die bestmögliche Zusammenarbeit von Mensch und Maschine zu erreichen. Das Problem wurde als vornehmlich vom Menschen aus zu lösen angesehen. Psychologie und Physiologie mußten ihre Erkenntnisse und Methoden darleihen, um den arbeitenden Menschen für den Betrieb auszuwählen und in sein Getriebe einzuordnen. Als Psychotechnik bildete sich im Zusammenhang mit solchen Bemühungen eine neue Abart der angewandten Psychologie aus. Deren Wirksamkeit dehnte sich bald auf alle Wirtschaftszweige aus, wenn sie auch in der Industrie ihr dankbarstes Feld fand.

Gleichzeitig mit diesem Vormarsch der Wissenschaft im Dienste der betrieblichen Arbeitsgestaltung vollzieht sich ein anderer Entwicklungsprozeß im Betriebe, nämlich eine gesteigerte Anwendung technischer Mittel. Soweit von jenen wissenschaftlichen Möglichkeiten der Arbeitsregelung wirklich schon Gebrauch gemacht wird — und das ist zunächst doch nur vereinzelt der Fall —, ergibt sich eine Verstärkung der mechanischen Apparatur fast von selbst;

---

[1]) Vgl. F. W. Taylor, Die Grundsätze wissenschaftlicher Betriebsführung, München und Berlin 1913.

denn die so geartete Regelung der Menschenarbeit bedeutet, daß die menschlichen Verrichtungen vereinfacht, schärfer bestimmbar und meßbar werden und damit auch der Maschinenarbeit in der Art und in den Kosten deutlich zu vergleichen sind. Ein solcher Vergleich muß natürlich sehr oft zugunsten der Maschine ausfallen.

Aber auch da, wo jene schärfste Berechnung der Arbeitsweise fehlt, dringt die Maschine vor. Ihre technischen Vorzüge sind mannigfaltiger Art. Sie findet ja nicht nur Anwendung zur Minderung der Erzeugungskosten, vielmehr in manchen Fällen auch deshalb, weil sie die Erzeugnisse zu verbessern oder sogar ganz neue hervorzubringen erlaubt. Oft hat sie Leistungen zu vollbringen, zu denen Menschen überhaupt nicht fähig wären. Schon aus der Größe und Gliederung der Aufgaben im Betriebe selbst ergibt sich an vielen Plätzen ihre technische Unentbehrlichkeit. Eine solche Beschaffenheit der Aufgaben ist als ein höheres Stadium der Betriebsentwicklung im Zusammenhang mit den komplizierter gewordenen Produktionszielen entstanden. In der Gegenwart lassen sich die meisten mechanischen Leistungen gar nicht mehr in Menschenarbeit umdenken. Vor allem die Kraftleistungen des elektrischen Stromes, aber auch die der Dampf-, Öl- und Gasmotoren, schieben die Funktion der gesamten Maschinenausstattung aus dem Bereich der Möglichkeit hinaus, dafür Menschenarbeit einzusetzen. Daher ist eigentlich nur der umgekehrte Weg gangbar: Die Überlegung bewegt sich mehr und mehr in der Richtung auf stärkere Mechanisierung und somit Technisierung. Diese Lage, die sich besonders deutlich in allen größeren Betrieben des Gewerbes, des Bergbaues und des Verkehrs bemerkbar macht, ergibt sich aber auch für viele Mittel- und Kleinbetriebe und bleibt nicht auf die genannten Wirtschaftszweige beschränkt. Im Bankwesen, im Handel, in der Landwirtschaft, sogar im Haushalt werden technische Einrichtungen im wachsenden Maße angewendet. In den Erwerbswirtschaften erweist die Kalkulation eben in vielen Fällen, daß der Betrieb sich verbilligt, wenn noch mehr Maschinen und andere mechanische Dinge eingefügt werden. Das gilt allerdings nur, wenn die Erzeugungsmenge nicht unter ein gewisses Mindestmaß hinuntersinkt. Erst dann treten die Vorteile in Erscheinung, die sich an die Verteilung der entstehenden festen Kosten knüpfen [1]).

---

[1]) s. a. oben S. 39.

Die notwendige Folge der Erkenntnis ist, daß die Neigung zur Massenproduktion wächst, und zwar von zwei konkreten Zwecken angetrieben. Zunächst erscheint es in der rationalen Denkweise nämlich offenbar ratsam, die vorhandenen Einrichtungen, die feste Kosten verursachen, soweit es irgend geht auszunutzen, darüber hinaus aber auch, die veränderlichen Kosten soweit wie möglich in feste zu verwandeln, also oftmals noch mehr mechanische Einrichtungen zu schaffen. Und das bedeutet, nach Möglichkeit Maschinen von hoher Leistungsfähigkeit an die Stelle menschlicher Arbeitskräfte setzen, mechanische Transportanlagen schaffen usw., kurz, den Betrieb stark mit Technik ausstatten und den Betriebsgang mechanisieren. Es ist bereits darauf hingewiesen worden, daß diese Tendenzen sich nicht auf die Industrie zu beschränken brauchen. Man weiß, daß neben großen Handelsbetrieben und Banken namentlich auch landwirtschaftliche Großbetriebe in Amerika und in der Sowjetunion diesen Weg der Technisierung eingeschlagen haben, in den an die Weltwirtschaft angeschlossenen Gebieten mit einem solchen Erfolge, daß verwirrende Überproduktion an landwirtschaftlichen Erzeugnissen entstanden ist.

Die überwiegende Mehrzahl der Arbeitsmaschinen, die wiederum den am meisten beachteten Teil der technischen Gebilde ausmachen, wird mechanisch angetrieben. Man erhält einen Eindruck vom Umfang der Technisierung, wenn man der amtlichen Statistik entnimmt, daß 1925 allein im Deutschen Reich Primärkraftmaschinen mit einer Gesamtleistung von mehr als 22 Millionen PS und Elektromotoren von fast 19 Millionen PS Leistungskraft festgestellt wurden, während fünfzig Jahre vorher nur Primärkraftmaschinen von insgesamt etwas mehr als 1 Million PS gezählt worden waren und Elektromotoren ganz fehlten.

Hand in Hand mit der Ausgestaltung aller konkreten Arbeitsmittel und ihrer Anwendung geht die Verfeinerung der buchhalterischen und rechnerischen Methoden, mit dem Ergebnis, daß die Zweckmäßigkeit jener Organisation ständig unter Kontrolle gehalten und namentlich an der Rentabilität geprüft werden kann. Die immer feiner und schwieriger werdende wirtschaftliche Betriebsführung gibt Veranlassung zur Entstehung einer besonderen Wissenschaft, der Betriebswirtschaftslehre. Diese betrachtet ihren Gegenstand, den Betrieb oder besser die Erwerbswirtschaft, im Gegensatz zur Volkswirtschaftslehre gewissermaßen von innen heraus, indem sie die Gestalt und die Funktionen der Erwerbswirtschaft im ganzen Reichtum ihrer Erscheinungsformen zu erfassen und theoretisch zu begründen sucht.[1])

---

[1]) Über Begriff und Inhalt der Betriebswirtschaftslehre besteht bei ihren Vertretern keine einheitliche Auffassung. Vgl. darüber und über die hier gegebene kurze Bestimmung Alexander Hoffmann, Wirtschaftslehre der kaufmännischen Unternehmung (Betriebswirtschaftslehre), Leipzig 1933, S. 3ff.

Natürlich ist die allgemeine starke Anwendung mechanischer Hilfsmittel nur möglich, weil die Technik selbst große Fortschritte gemacht hat. Seit der Einführung der Gewerbefreiheit und des freien Wettbewerbes hat die Heranziehung des in der natürlichen Umwelt des Menschen an Kräften und Stoffen Vorhandenen für die menschlichen Zwecke einen riesigen, tatsächlich unübersehbaren Umfang angenommen. Solange Gebundenheit und Bevormundung in Geltung waren, wie etwa zur Zeit der Zünfte, konnten neue Wege der Naturbeherrschung nur wenig für die produktive Wirtschaft erschlossen und nicht einmal die beschränkten Möglichkeiten ganz ausgenutzt werden, die das damals noch bescheidene Wissen eröffnete. An der Wiege der modernen Technik stehen zwei Paten: die gewerbliche Freiheit und die Wissenschaft. Seitdem jene geschaffen war, hat sich diese in erstaunlicher Steigerung entfaltet und der Wirtschaft dingliche Hilfsmittel in immer größerer Zahl und Vollkommenheit zur Verfügung gestellt. Die Verwissenschaftlichung, die übrigens anfangs durchaus nicht schnell vordrang, ist jetzt wohl der bedeutsamste Umstand des technischen Könnens. Sie hat namentlich in der letzten Generation eine gewaltige Fülle von technischen Gestaltungen hervorgebracht, und zwar im großen und ganzen etwa nach dem Prinzip des Schneeballsystems, d. h., indem die einzelnen Erkenntnisse, die auf den Gebieten der Naturwissenschaften und der technischen Gestaltungskunde nur zum Teil ausdrücklich beim Suchen nach neuen praktischen Lösungen gewonnen werden, sich hundertfach anwenden lassen und, untereinander und mit älteren technischen Formen kombiniert, die Verbesserung und Vermannigfaltigung der Technik in breiter Front vorschieben. Gewiß sind dabei einzelne Erfindungen und Kombinationen von besonderer Bedeutung gewesen, wie der Viertaktmotor, die Fernleitung des elektrischen Stromes, die Verwendung von Öl usw. —, aber entscheidend bleibt doch die Gesamtbewegung und ihr unaufhörlicher Antrieb durch die technische Forschung und Lehre. Der Anteil, den das ungeschulte technische Talent am Fortschreiten der Technik hat, wird immer kleiner, wenn auch nicht zu verkennen ist, daß durch den zähen und unbeschwerten Spürsinn des von seinen Ideen besessenen Autodidakten noch immer zahlreiche neue Möglichkeiten erschlossen werden. Diese Frische kann die Wissenschaft nicht ersetzen. Aber sie ergreift alle Erkenntnisse und Möglichkeiten, um systematisch weiterzuführen, was erreicht ist. Trotz aller Mängel und Gefahren, die als Versteifung und Mangel an

Ingenium der lehr- und lernbaren Technik drohen, stellen doch die technischen Wissenschaften die feste Grundlage für die weitgehendste Anwendung der erkannten Möglichkeiten dar. Mit der Verwissenschaftlichung ist die Vermannigfaltigung und die Verbreitung der Technik Hand in Hand gegangen.

Als ein Merkmal für den technischen Fortschritt pflegen die Ziffern der Patentstatistik angesehen zu werden. Man muß sich allerdings darüber klar sein, daß der Fortschritt nicht allein in solchen Neuerungen besteht, die mit Patenten belegt und in Musterschutz genommen werden. Der unendlich vielfache Kleinfortschritt, der sich daneben vollzieht, darf nicht vergessen werden, ebensowenig der Umstand, daß mit der wachsenden weltwirtschaftlichen Verflechtung auch die Patentbegehren zunehmen, die vom Auslande her geltend gemacht werden. Jmmerhin muß bei gleichbleibender Art und Handhabung der einschlägigen Gesetze der Umfang des so bescheinigten Fortschrittes in einer gewissen Größenbeziehung zur allgemeinen Veränderung stehen. Unter diesen Vorbehalten ist es sehr beachtenswert, daß im Deutschen Reich während des Jahres 1930 78400 Patente angemeldet worden sind, während die Anzahl der Anmeldungen sich im Jahre 1920 auf 53527, 1910 auf 45209, 1900 auf 21925 belief. Jn einem Menschenalter hat sich also die Zahl der jährlich erdachten Neuerungen, für die Patentschutz erbeten wurde, fast vervierfacht. Die jährlich angemeldeten Gebrauchsmuster sind im Vergleich der Jahre 1900 und 1930 von 21432 auf 76163, die eingetragenen von 18220 auf 50200 angewachsen.

Das technische Schaffen ist, indem es von den technischen Wissenschaften beherrscht wird, im höchsten Grade rational geworden. Aber der Antrieb dazu ist in seinem tiefsten Wesen nicht rational. Er quillt aus dem ursprünglichen, prometheischen Drang des Menschen, sich über sich selbst hinaus auszuweiten, die Kräfte der Welt in sich einzubeziehen. Deshalb wird der technische Schaffensdrang niemals zu hemmen sein, und einmal verwissenschaftlicht, wie es die Technik ist, wird sie nach den Maßen der wissenschaftlichen Forschungs- und Lehrmethoden unaufhaltsam weiter vordringen, auf tausend und abertausend Wegen, in vielen, oft unmerklich kleinen Veränderungen, wahrscheinlich aber mit wachsender Planmäßigkeit.

Die Wirtschaft, die dieser Ausgestaltung der Technik ja erst den eigentlichen Sinn gibt — denn was wäre das Fortschreiten des technischen Könnens, wenn es sich nicht in der Wirtschaft verwirklichte —, die Wirtschaft weist diesem Vorrücken der Technik vielfach die Richtung an und pflegt es nur soweit zu hemmen, wie das Maß ihrer Kräfte es nötig macht. Dieses Maß ist indessen überaus elastisch, weil dafür die Ausdehnungsfähigkeit des Kredites ebenso in Betracht kommt wie die Ersetzbarkeit der menschlichen Arbeitskraft durch die Mechanik. Die Gefahr ist also groß, daß die Wirtschaft sich der fortschreitenden Technik mehr erschließt, als für sie gedeihlich ist. An diesen Punkten macht sich die Unvollkommenheit der wirtschaftlichen Entscheidungen geltend. Der wirtschaftliche Verlauf, die Ausdehnung und überhaupt Veränderung des Bedarfes, die Absatzmöglichkeiten und die Rentabilität, auch die sozialen Wirkungen, kurzum, alle die Erscheinungen, die von der Veränderung der technischen Mittel und ihrer Anwendung betroffen werden, sind nur zum Teil vorauszusehen. Die Regelung des Betriebes vermag auch im besten Falle nur die inneren Faktoren zur vollkommensten Wirkung, wie sie das Erwerbsstreben verlangt, zu ordnen. Wirtschaftlich ausgedrückt heißt das, nur die Kostengestaltung, soweit sie sich in Einrichtung, Unterhaltung und Gang des Betriebes vollzieht, liegt vollkommen in den Händen der Unternehmungsleitung. Was außerhalb des Betriebes und der Unternehmung für die Gewinnbildung in Betracht kommt, entzieht sich großenteils ihrer Herrschaft. Das ist in der Hauptsache die Preisbildung, aber auch manche andere Seite des Ankaufs- und Absatzmarktes. Die Versuche, den Markt zu bemeistern, durch Verkaufsorganisation und Absatzpropaganda von der einzelnen Unternehmung aus oder durch Abreden mit Konkurrenten, also durch Kartell- und andere Verbandsbildungen, werden immer unvollkommen bleiben, solange die Freiheit des Verbrauches und die Freiheit des Wettbewerbes ihre grundsätzliche Geltung behalten. Insofern stößt die Rationalisierung des Betriebes auf absolute, nicht nur von mangelnder Kraft bestimmte Schranken.

Um die Überwindung dieser Schranken wird aber immer noch gerungen. Während in der großen Masse der gewerblichen, landwirtschaftlichen und kaufmännischen Betriebe die Organisation noch mehr oder minder weit entfernt ist von vollkommener Zweckmäßigkeit, versuchen andere, namentlich industrielle Unternehmungen, in stetig verfeinerter Planmäßigkeit über den eigenen Bereich hinaus in den Markt vorzudringen, um hier die Absatzmöglichkeiten vorauszusehen und sich den erwünschten Absatzumfang nach Möglichkeit zu sichern. Neben die Ausbildung der eigenen Verkaufseinrichtungen tritt die systematische Benutzung der ständig verbesserten Marktberichterstattung, wie sie Zeitungen, Verbandszeitschriften und amtliche Stellen liefern, sowie ein Netz von Abreden und Kartellabkommen, die Stetigkeit und Sicherheit bieten sollen. Letzten Endes vermögen solche Bemühungen jedoch nur soweit die natürliche Unbestimmbarkeit der wirtschaftlichen Zukunft zu überwinden, wie sie die freie Beweglichkeit, die Souveränität der Einzelwirtschaft einschränken.

Das ist das Ergebnis: In wachsendem Maße hat sich der Betrieb nach den Grundsätzen geordnet, die sich aus dem immer schärfer erfaßten Gewinnstreben ergeben. Der Betrieb ist in diesem Sinne immer zweckmäßiger geworden. Seine Einrichtung, sein Gang und seine Außenwirkung sind immer eindringlicher durchdacht und auf den Sachzweck, Gewinn zu erbringen, gerichtet worden. Konnte bislang ein solcher Stand tatsächlich auch nur bei einem verhältnismäßig geringen Teil der Gesamtheit wirklich erreicht werden, so bleibt er doch für alle eine Art Vorbild. Auch die Tradition des handwerklichen und des bäuerlichen Betriebes, das Treiben im Herkömmlichen, ist erschüttert. Die Ratio dringt vor, geht zuweilen auch Irrwege und stößt manchenorts schon an ihre Grenzen.

c) Die Formungstatsachen der Entwicklung.

Der individualistische Grundsatz in der Entwicklung der modernen Wirtschaft. Der Glaube, daß die Freiheit des einzelnen in wirtschaftlichen Dingen grundsätzlich auch für die Gesamtheit den größten Nutzen bringe, kam von der Mitte des 18. Jahrhunderts an mit der Wucht einer Naturgewalt über die westeuropäischen Völker. Er erhob sich aus den Tiefen der geistigen Entwicklung, die seit dem Mittelalter immer mehr den Einzelmenschen von der Gebundenheit an Dogmen, Sitte und überkommenes Recht löste, um ihn auf sich selbst und seine Vernunft zu stellen. Im 18. Jahrhundert, in der Epoche der Aufklärung, erreichte die Überzeugung von der Macht der Vernunft als der dem Menschen verliehenen Kraft zur Vollendung seines Wesens den Höhepunkt. Es war das Zeitalter jener Philosophie, die es unternahm, eine Weltanschauung mit den Mitteln der menschlichen Vernunft zu gewinnen, und es war zugleich das Zeitalter der Philosophie überhaupt. Die Mutter aller Wissenschaften herrschte. „Philosophie und Wissenschaft gingen sachte, ohne Sprung ineinander über, nicht etwa weil die Philosophie, wie in unsern Tagen, auch eine Wissenschaft sein wollte, sondern weil die Wissenschaft der Philosophie zu gleichen begehrte, sich nur als deren Fortsetzung gab und fühlte“ [1]). Es war insofern eine Kultur von seltener innerer Einheit-

[1]) Oswald Külpe, Immanuel Kant, 3. Aufl. Leipzig 1912, S. 1.

lichkeit, als geistiges Wissen und Wollen sich in jenem großen Grundsätzlichen zentriert fanden. Daß von dort aus die Beschäftigung mit Philosophie geradezu als eine Mode in die Salons der Damen und noch weiter ins Leben des Alltags eindrang, verstärkt immerhin den Eindruck von der Geschlossenheit der Bildung, soviel man auch an dieser Form und ihrem Inhalt mit Recht aussetzen mag.

Auf diesem Nährboden wuchs die neue, die moderne Wissenschaft von der Wirtschaft auf. Gewiß hat es auch vorher nicht an großen Versuchen gefehlt, das Mühen um die Dinge des Lebens als eine allgemeine Verknüpfung in geordneten Übersichten zu erfassen — die Utopien von Plato bis zu den konstruktiven Entwürfen der Sozialisten des 18. Jahrhunderts bieten die bedeutsamsten Zeugnisse davon —, aber neu war es, daß in den Mittelpunkt der souveräne einzelne Mensch gestellt und daß seine Verstandeskraft, wenn sie sich frei bewegen durfte, als der einzig zuverlässige Hebel für den Aufbau des allgemeinen wirtschaftlichen Wohlgedeihens angesehen wurde. So ist die berühmte „natürliche Ordnung" der Physiokraten an die Voraussetzung der frei waltenden menschlichen Vernunft geknüpft, so auch der Industriestaat, wie ihn Adam Smith und namentlich David Ricardo in seinen Bedingtheiten sahen. Aber auch die andere Eigentümlichkeit der zeitgenössischen Geisteshaltung kommt in den Lehren der liberalistischen Wirtschaftssystematiker wenigstens anfänglich zur Geltung. Man vertraut der grundlegenden Annahme von der schöpferischen Macht der nicht bevormundeten Interessentenvernunft so sehr, daß man ohne große Einzelstudien in der Hauptsache von einer generellen Bewertung der leicht erkennbaren Wirtschaftszustände aus das „System" entwirft. Die quasi-philosophische Allgemeinbetrachtung bestimmt die Linien. Das gilt zum mindesten für die physiokratischen Theorien von Francois Quesnay und seiner Schule, während bei Adam Smith ein großes historisches Wissen und eine außerordentliche Höhe des common-sense neben der philosophisch-systematischen Kraft am Werke sind.

Fügte sich in solchem Sinne die herrschende Wirtschaftslehre dem allgemeinen Geistesstrom ein — und herrschend wurde namentlich die reifere Gestaltung des Adam Smith —, so mußte sie auch auf die leitenden Politiker und Staatsmänner ihre Wirkung ausüben. Die alte Methode der merkantilistischen Wirtschaftspolitik erwies sich ohnehin immer deutlicher als überlebt, nicht minder manche Jahrhunderte alte Institution. Was einstmals Sinn gehabt, war in der

Entwicklung vielfach unsinnig geworden. Auf dem Lande drückte die Abhängigkeit, in der sich die Bauern von ihren Grundherren befanden. In der Stadt beengte die Zunftverfassung die Ausdehnung des Wirtschaftsverkehrs. Und das Gängelband der staatlichen Wirtschaftspolitik, das Handel und Wandel bis in die Einzelheiten zu lenken versuchte, war mehr und mehr zum Hindernis geworden. In welchem Maße Bevormundung und Zwang nicht nur sachlich fehlgegriffen hatten, sondern auch für die Völker unerträglich geworden waren, offenbarte der Ausbruch der französischen Revolution mit erschreckender Klarheit. Was die Revolution in Frankreich an Erleichterungen brachte, konnte nicht unbeachtet bleiben. Staatspolitische Notwendigkeit verband sich mit jenen wissenschaftlichen Strömungen, um auch im übrigen Europa die wirtschaftlichen und sozialen Grundbedingungen im Sinne größerer Freiheit des einzelnen Staatsbürgers umzugestalten.

Das ging weder schnell, noch konnte es so radikal geschehen wie durch die Gewalt eines Umsturzes. Maßgebend waren Einsicht und Absicht der leitenden Staatsmänner. Eine Persönlichkeit wie der Freiherr vom Stein, mit dessen Namen die wirtschaftliche Befreiungsaktion in Preußen verknüpft ist, war mit zuviel Fäden an die Ideenwelt des ancien régime angeschlossen, als daß er absolute wirtschaftliche Freiheit anstreben konnte. Die Frage der Wirtschaft stand naturgemäß auch gar nicht im Mittelpunkt seines Denkens. Er sah sie mehr als einen Teil der großen Aufgabe, das Gedeihen des preußischen Staates zu fördern. Die Staatsmacht sollte gesichert und befestigt, die Vaterlandsliebe gestärkt werden, und dazu mußte allerdings die Wohlfahrt und Zufriedenheit der Staatsbürger von entscheidender Bedeutung sein. Deshalb spricht das Edikt vom 9. Oktober 1807 als wichtigstes Gebot aus, „alles zu entfernen, was die einzelnen seither gehindert hat, den Wohlstand zu erlangen." Das heißt, ins Positive gewendet, grundsätzlich jedem die Freiheit geben, sich seinen Wohlstand zu schaffen. Die Vorbehalte und Einschränkungen, die der Staatsmann für die soziale Gesundheit der Bürger und das Wohl des Staates für erforderlich hielt, sind zwar keineswegs unerheblich, aber doch nur Modifikationen des Grundsatzes der Freiheit. In einer Regierungsinstruktion aus seiner letzten Amtszeit heißt es in unübertrefflicher Klarheit: „Es ist dem Staate und seinen einzelnen Gliedern immer am zuträglichsten, die Gewerbe jedesmal ihrem natürlichen Gange zu überlassen, d. h. keine derselben vorzugsweise durch besondere Unterstützungen zu begünstigen und zu heben, aber auch keine in ihrem Entstehen, ihrem Betriebe und Ausbreiten zu beschränken, insofern das Rechtsprinzip dabei nicht verletzt wird, oder sie nicht gegen Religion, gute Sitten und Staatsverfassungen anstoßen." Das Ziel sei also, „die möglichste Gewerbefreiheit, sowohl in Absicht der Erzeugung und Verfeinerung, als des Vertriebs und Absatzes der Produkte" [1]. In diese Richtung zielen auch die einzelnen gesetzlichen Maßnahmen, am entschiedensten in der eigentlichen Gewerbepolitik, zögernder und weniger einheitlich in der Neuordnung der landwirtschaftlichen Verhältnisse. Aber die Befreiung der Wirtschaft ist damit in Marsch gesetzt. Die Politik der übrigen deutschen und außerdeutschen Länder blieb nicht zurück. Etwa um die 60er Jahre des 19. Jahrhunderts herum waren die Freiheit des Bauernstandes und die Gewerbefreiheit fast überall gesichert, auf dem Gebiete des Handels wenigstens die Befreiung im inländischen Verkehr durchgeführt, auch der Außenhandel durchweg weiter von Zollfesseln gelöst als jemals vorher.

Im Gleichmaß mit der wirtschaftlichen Verselbständigung des Menschen wurden die dynamischen Kräfte entbunden, die der neuen Ordnung innewohnten. Wie sie wirken würden, darüber war man sich vorher durchaus nicht ganz klar gewesen. In der Theorie kam die Frage danach zu kurz. Die Träger der Staatsgewalt aber hatten in der Gesetzgebung mit Optimismus die Ideen verankert, die ihnen von den liberalistischen Wirtschaftstheoretikern überkommen waren. Man ging vom Interesse des einzelnen aus und glaubte das Wohl der Gesamtheit am besten begründet auf der Freiheit des einzelnen, die seine natürlichen Fähigkeiten am wirksamsten zur Gestaltung seines eigenen Schicksals aufrufen werde. Wenn sich auch die Überlegungen selbstverständlich auf die Gesamtheit des Volkes richteten, so glaubte man doch dessen Wohl und Wehe abwägen zu können aus der Blickrichtung des Einzelwohls. Noch hundert Jahre, nachdem der spätere französische Minister Turgot, einer der hervorragendsten Physiokraten, in seiner Lobrede auf Gournay sagen konnte, daß „der Vorteil des einzelnen genau derselbe ist wie der allgemeine Vorteil" und daher „das beste, was man machen kann, darin besteht, es jedem Menschen freizustellen, zu tun, was er

---

[1]) H. Preuß, Die wirtschaftliche und soziale Bedeutung der Stein-Hardenbergschen Reform. Berlin 1908, S. 28.

will" [1]) — noch 1859 motiviert die österreichische Regierung die Einführung der Gewerbefreiheit mit den Worten: „Auf keinem Felde ist die Freiheit ungefährlicher, auf keinem fühlt sie sich selbst berechtigter als auf dem des Erwerbes . . ." [2]).

So wird denn die moderne Sozialwirtschaft von Anfang an aufgebaut auf der Auswirkung des Eigeninteresses, das sich mit gleichgerichteten und mit entgegengesetzten Interessen anderer auseinanderzusetzen hat. Jede Erwerbswirtschaft wird genötigt, sich in die Bedarfswelt der Allgemeinheit hineinzudenken, um im Absatz zum hinreichenden Preis ihren Gewinn zu finden, der ihr und ihrer ergänzenden Verbrauchswirtschaft zu leben und gedeihen erlaubt. Und die Weite dieses Anspruchs auf Gedeihen ist nicht begrenzt. Es liegt im Wesen des Erwerbsstrebens, daß ihm keine Schranken gesetzt sind. Jeder darf soviel zu gewinnen versuchen, wie er kann. Je mehr sich das Erwerbsprinzip durchsetzt, das den Gewinn so groß wie möglich zu machen sucht, desto stärker drängen die einzelnen Bedingungen des Gelingens zur genauesten Erfüllung, desto fühlbarer werden die Gegensätze unter den Erwerbswirtschaften, die auf dem Markt zusammentreffen.

In seinem ganzen Gehalt ist das Erwerbsstreben, das eine allmähliche Auffüllung seines Sinnes erfährt, kaum genau zu erfassen. Jedenfalls entwickeln sich neben dem nächstliegenden Zweck, dem Erwerbenden unmittelbar das Leben zu ermöglichen, in wachsendem Maße die Zukunftssicherung und darüber hinaus eine fortschreitende Verselbständigung der Erwerbswirtschaft an sich, indem dieses bloß sachliche Mittel, dieses Instrument für das Menschendasein, eigene Gesetze geltend macht, eigene Rücksichten fordert, schließlich eigenes Leben gewinnt und über seine ursprüngliche Zweckhaftigkeit hinaus beachtet und gefördert wird.

In den Zielen und Folgeerscheinungen des Erwerbsstrebens unterscheidet sich die selbständige, betrieblich ausgerüstete Erwerbswirtschaft und namentlich die Großform der Unternehmung wesentlich von den Möglichkeiten und Ergebnissen des Unselbständigen, des Arbeiters, Angestellten und Beamten. Für beide Gruppen hängen Wünsche und Formen von den Umständen ab, unter denen sie in die

---

[1]) A. R. J. Turgot, Betrachtungen über die Bildung und die Verteilung des Reichtums. 2. Aufl. Jena 1914, S. 9.

[2]) Eugen von Philippovich, Die Entwicklung der wirtschaftspolitischen Jdeen im 19. Jahrhundert. Tübingen 1910, S. 7.

Volkswirtschaft eingeknüpft sind. Weil jeder Mensch für sich selbst verantwortlich und darauf angewiesen ist, im Wettbewerb und im Austausch mit andern seinen Erfolg zu suchen, geht der Erwerb im Kampf vor sich. Dessen Bedingungen sind für Selbständige und Unselbständige verschieden. Die letzteren fühlen sich in der erwerbswirtschaftlichen Verknüpfung nach zwei Seiten hin in Kampfstellung gebracht. Jeder Unselbständige empfindet einen Interessengegensatz zu den Begehrern seiner Leistungen, weil sie die grundsätzliche Neigung haben, ihm nur einen möglichst geringen Entgelt zu bieten, und einen Gegensatz zu seinesgleichen, soweit sie mit ihm konkurrieren. Aber der Gegensatz zu denen, die ihn in ihrer Erwerbswirtschaft zu beschäftigen haben, überwiegt den andern durchaus, weil sich der Unselbständige schwächer als der Selbständige fühlt. Das kommt deutlich in der Strukturentwicklung des unselbständigen Teils der Erwerbswirtschaften zur Erscheinung. Arbeiter und Angestellte finden sich leicht — zunächst allerdings jede Gruppe für sich — in einer Front gegen die Arbeitgeber, die Vertreter der selbständigen Erwerbswirtschaften, zusammen.

Beim selbständigen Erwerbstätigen kommt zum Kampf mit seinesgleichen und mit dem Abnehmer seiner Produkte noch der mit dem Lieferer seiner Produktionsmittel hinzu. Jede selbständige Erwerbswirtschaft ist also nach drei Seiten in den allgemeinen Wettkampf eingeschlossen. Ihr Gedeihen und ihre Maße werden von dem Erfolg bestimmt, mit dem sie sich in die Wettkampflage einzupassen versteht. Die Lage wird durch die Spannungsverhältnisse zu den drei Gruppen der Lieferer, Abnehmer und Konkurrenten bezeichnet. Es sind wirkliche Spannungen, die dabei vorliegen, nicht etwa nur Gegensätze. In jedem der Verhältnisse treffen Gegensätze und Übereinstimmungen, Motive des Abstoßens und des Anziehens, zusammen. Mit ihren Lieferern, die als Anbieter auftreten, verbindet die Erwerbswirtschaft das Interesse am Zustandekommen der Lieferung, während sie sich im Preisinteresse in Gegensatz zu ihnen befindet. Sie wünscht möglichst zu niedrigen, jene wünschen möglichst zu hohen Preisen abzuschließen. Ihren Abnehmern, den Begehrern ihrer Produkte, gegenüber, ist die Spannung ähnlich geartet, nur daß sie in diesem Falle möglichst hohen Preis anstrebt, jene möglichst niedrigen Preis wollen. Das Verhältnis zu ihren Mitbewerbern schließlich zeigt Gegensatz im Absatzinteresse, aber Übereinstimmung im Preisinteresse. Sie selbst wie ihresgleichen müssen versuchen, so teuer wie möglich zu verkaufen.

Da jede Erwerbswirtschaft der Regel nach gleichzeitig selbst Abnehmer, Lieferer und Konkurrent für andere ist, verdichtet sich dieser Stand der Interessen praktisch zu Begrenzungen ihrer Bestrebungen. Sie sieht sich zu Rücksichten gezwungen. Und letzten Endes strahlen die Rücksichten in einer einzigen Richtung ihres Handelns zusammen: Sie muß Maß halten in ihren Preisforderungen. Diese Notwendigkeit, die unmittelbar die Spannung zu den Begehrern ihrer Produkte betrifft, trägt gleichzeitig auch dem Spannungsverhältnis zu ihren Mitbewerbern Rechnung und stellt ihren Lieferern gegenüber den Anspruch, daß auch sie in ihren Preisen Maß halten.

Wenn überhaupt irgendwo, so müßten hier die Ansätze zu einer Harmonie im System des freien Wettbewerbes stecken. Indem jede Erwerbswirtschaft von ihren Interessen angetrieben, vom Antrieb der andern aber gehemmt wird, erhalten sie alle den Anstoß zur Einpassung, zur Einfügung in die Gesamtheit des wirtschaftlich Gewünschten und Dargebotenen. Dennoch ergibt sich die Harmonie daraus nicht. Die Einpassung aller glückt niemals ganz. Das verhindern nicht bloß die verschiedenen Grade von Übersicht, Können und Glück, die im ganzen den Starken noch mächtiger, den Schwachen noch schwächer zu machen streben und überdies die in der Kraftverteilung scheinbar vorbestimmten Maße sich nie erfüllen lassen — in diesem Ausgleichskampf gibt es auch keine Pause, und unaufhörlich verschieben sich die Bedingungen, deren Erfüllung erst Ruhelage und Zusammenklang bedeuten würde. Auch im Wirtschaftsleben gilt das, was man von dem Daseinskampf der lebenden Geschöpfe gesagt hat, nämlich, daß sich der Fortschritt durch „Versuch und Irrtum" vollzieht. So erweisen sich viel stärker als die harmonisierenden die anderen Tendenzen, die die Wirtschaft zur Veränderung treiben, neue Formen der Erwerbswirtschaften und neue Beziehungen zwischen ihnen entstehen lassen. Solcherart aus den Spannungen strömende Kräfte haben also die Neigung, auf die Struktur der Sozialwirtschaft im Sinne fortwährender Umformungen einzuwirken. Diese Kräfte ergeben sich aus dem Umstand, daß jede Erwerbswirtschaft sich bemüht, die Spannungsverhältnisse zu ihren Gunsten zu wenden.

Die einzelne Erwerbswirtschaft fühlt den Anreiz, den Gegensatz im Interesse an der Preishöhe, der die Stellung der Begehrer zu jedem Anbieter grundsätzlich kennzeichnet, zu benutzen, um sich selbst den Begehrern gegenüber als der am weitesten ihren Wünschen entgegenkommende Anbieter darzustellen. Sie bemüht sich, ihre Waren oder

Leistungen als die besten, ihre Preise als die mäßigsten erscheinen zu lassen, damit die grundsätzliche Übereinstimmung im Interesse des Absatzes, d. h. in der Überstellung der Warenmenge an die Begehrer, für sie am günstigsten zur Wirkung kommt. Sie muß, mit anderen Worten, darauf bedacht sein, daß die Wahl der Begehrer in möglichst weitem Umfange gerade auf sie fällt. Dieser Anreiz stellt die Erwerbswirtschaft immer aufs neue vor die Frage, ob ihre Verkaufseinrichtungen und die Gestaltung ihrer Erzeugung oder ihres Ankaufs wirklich so beschaffen sind, daß sie dem Zweck entsprechen, möglichst viel und möglichst gewinnbringend abzusetzen.

Das drängt unaufhörlich zu zweckentsprechenden Veränderungen im Betriebe und in den Äußerungen der Erwerbswirtschaft. Nach außen hin werden Reklame, vorteilhafte Geschäftslage, schöne Ausstattung, überhaupt verfeinerte Darbietungsformen zum Anlocken angewendet, nach innen geht die Wirkung auf immer neue Umschau nach den geeignetsten, billigsten und besten Lieferanten, auf Veränderungen der Art und Qualität der Erzeugnisse und vor allem auf Verbilligung der Erzeugung. Nicht alle diese Rücksichten setzen sich gleichmäßig durch, auch geht die Entwicklung dieser Methoden keineswegs schnell vor sich. Mit der Vervollkommnung der Möglichkeiten, die die Technik darbietet, und unter dem stetigen Druck des Wettbewerbes haben sich aus den Interessenspannungen die Verfahren der Erwerbswirtschaften allmählich fortgebildet.

Gesellschaftsunternehmungen und Verbände als Ergebnisse der Wirtschaftsentwicklung. Eine große Mannigfaltigkeit der Formen wird von den Spannungsverhältnissen hervorgetrieben. Sie können zum Teil für die äußere Gestalt der Erwerbswirtschaft wie auch für die Art des ganzen Zusammenhanges ohne erhebliche Bedeutung sein, wie die Erscheinungen der Reklame und die zahlreichen Fälle, in denen geringere Qualitäten, Surrogate und Imitationen produziert werden, um dem Bedürfnis nach Billigkeit entgegenzukommen. Dasselbe Bestreben hat aber auch die Massenproduktion gefördert und damit den Großformen der Erwerbswirtschaften zu wachsender Bedeutung verholfen. Die Ausbreitung der Fabrik auf dem gewerblichen Gebiete neben dem Handwerk, auf dem Gebiete des Handels das Vordringen des Warenhauses, des Einheitspreisgeschäftes und des unmittelbaren Fabrikabsatzes neben dem ursprünglichen Einzelhandelsgeschäft sind zum erheblichen Teil auf die Vorteile der Massenproduktion im weitesten Sinne begründet, insofern nämlich, als überall die entscheidende Rolle der festen Kosten und ihrer Verteilung auf eine möglichst große Absatzmenge erkannt und berücksichtigt wird. Aus demselben Grunde, wie überhaupt mit dem Vordringen des Durchdenkens, verbreitet sich die Verbesserung des Betriebes. Zugleich aber empfahlen sich als für Großformen besonders geeignete Hüllen die rechtlichen Unternehmungsformen der Aktiengesellschaft und ihrer Verwandten, wie der Gesellschaft mit beschränkter Haftung und der Kommanditgesellschaft auf Aktien.

Die Aktiengesellschaft ist die wichtigste rechtliche Form solcher Kapitalgesellschaften, das Musterstück der gewerblichen und kommerziellen Großform. Ihr ist es möglich, an Stelle eines großen Einzelvermögens die zahlreichen mittleren und kleinen Vermögen zur Schaffung einer einheitlichen Großerwerbswirtschaft heranzuziehen. Bei ihr darf sich die Größe des eigenen Kapitals sogar nach dem für den betreffenden Zweck optimalen Umfang des Betriebes richten und braucht sich nicht umgekehrt auf das zufällige Ausmaß eines Vermögens zu beschränken. Die Aktiengesellschaft kann grundsätzlich auch die Leitung aufs genaueste ihrem konkreten Zwecke anpassen. Sie kann — grundsätzlich — die fähigsten Persönlichkeiten, die sich ihr auf dem Arbeitsmarkte darbieten, an ihre Spitze berufen und ist somit auch in dieser Hinsicht von dem Zufall weniger abhängig als die Einzelunternehmung, in der die Begabung des einen Inhabers ebenso wie sein Geldvermögen von vornherein gewisse Schranken aufrichten. Diese Großform — und im ähnlichen Maße auch die Gruppe der kleineren Gesellschaftsunternehmungen, wie die G. m. b. H., die Kommanditgesellschaft und die offene Handelsgesellschaft — mußte also um so mehr in Aufnahme kommen, je mehr man in die Erkenntnis der Erfolgsbedingungen eindrang und solche Vorzüge zu schätzen wußte. Es mag sogar als erstaunlich erscheinen, daß diese Unternehmungsformen sich nicht schon früher und noch mehr durchgesetzt haben. Man darf jedoch nicht vergessen, von wieviel Voraussetzungen ihre Ausbreitung abhängt. Da ist nicht allein eine gewisse Reife der Erkenntnis und der Organisationsfähigkeit vonnöten, sondern auch Ausdehnung des Absatzmarktes, Ausbildung des Kapitalverkehrs, Höhe der mechanischen Technik, entsprechende Gestaltung des Rechtes und dergleichen. Hinter allem aber steht die geistige Disposition des wirtschaftlichen Menschen, seine Neigung und Fähigkeit, sich in einem so hohen Grade der Verfolgung des wirtschaftlichen Interesses hinzugeben.

Die Gesellschaftsunternehmungen haben sich in Deutschland seit den siebziger Jahren und besonders seit dem Weltkriege beträchtlich vermehrt. Abgesehen von der offenen Handelsgesellschaft, die sich in ihrem Charakter der Einzelunternehmung noch sehr verwandt zeigt, ist von allen Formen die der G. m. b. H. am zahlreichsten vertreten. Eine genaue Bestandsstatistik liegt aber nur für die Aktiengesellschaften vor. Während es Ende 1913 5486 Aktiengesellschaften mit einem Gesamtkapital von 17,36 Milliarden RM gab, bestanden Ende 1931 10437 mit 24,19 Milliarden RM Gesamtkapital. Selbst nachdem die große Wirtschaftskrise schon eine erhebliche Schrumpfung veranlaßt hat, beläuft sich ihr Bestand Ende 1933 noch auf 9148 Gesellschaften mit einem Gesamtaktienkapital von 20,64 Milliarden RM.

Im Vergleich zu der Gesamtzahl der Erwerbswirtschaften ist die Zahl der Kapitalgesellschaften zwar immer noch sehr gering, jedoch hat ihr Umsatz einen unverhältnismäßig viel größeren Anteil am Gesamtumsatz inne. Die Erwerbswirtschaften mit einem Inhaber sind überhaupt in ihrer Umsatzbedeutung auf ein verhältnismäßig sehr geringes Maß beschränkt. Sie machen in Industrie, Handel, Handwerk und Verkehr im Jahre 1927 94,8% aller Unternehmungen aus, weisen aber nur 47,9% des gesamten Umsatzes auf [1]). Mehr als 50% entfallen also auf Gesellschaftsunternehmungen, und zwar der größere Teil davon auf Aktiengesellschaften und andere Kapitalgesellschaften.

Der Antrieb aus der Spannung zwischen Anbietern und Begehrern, der zur Großunternehmung führt, hauptsächlich weil diese die Erzeugungskosten und infolgedessen auch die Preise zu senken erlaubt, — dieser selbe Antrieb wirkt mit bei der Bildung solcher Verbände, die, wie vielfach die Konzerne, eine gegenseitige Ergänzung der zugehörigen Erwerbswirtschaften zu erreichen versuchen. Wenn sich z. B. geeignete Erzbergwerke, Kohlenzechen, Eisenhütten, Stahlwerke und Walzwerke zusammenfinden, so können bei der Erzeugung von Walzwerksprodukten einheitliche Regelungen getroffen, Kosten erspart und die Absatzpreise vermindert werden, ganz abgesehen von andern Vorteilen, die sich in den einzelnen Fällen darbieten mögen. Natürlich kann eine derartig vertikale Kombination, wie man die Zusammenfügung mehrerer Produktionsstufen zum einheitlichen Zusammenwirken nennt, auch in einer einzigen Großunternehmung schon vereinigt sein. Aber die Verbandsform hat sich als vorteilhafter erwiesen, wenigstens zum Zusammenschluß sehr weitreichender, vielgliedriger Kombinationen.

Der Umstand, daß das Gesamtgebilde aus einzelnen rechtlich

---

[1]) Die innere Verflechtung der deutschen Wirtschaft. (Ausschuß zur Untersuchung der Erzeugungs- und Absatzbedingungen der deutschen Wirtschaft. Verhandlungen und Berichte des Unterausschusses für allgemeine Wirtschaftsstruktur (I. Unterausschuß) 2. Arbeitsgruppe 2. Band). Berlin 1930, S. 15.

selbständigen Unternehmungen besteht, sichert dem Ganzen eine große Elastizität, da ja die Möglichkeiten bestehen, jede einzelne zugehörige Unternehmung nur zu einem Teil für den gemeinsamen Produktionsprozeß und im übrigen weiterhin für sich selbst arbeiten zu lassen, auch jederzeit nach Bedarf die eine oder andere aus der Verbindung ganz zu entlassen und neue in sie einzufügen. Allerdings muß die Art der Verknüpfung fest und zuverlässig sein. Das erreicht der Konzern durch das Mittel der finanziellen Verkettung. Schematisch stellt diese sich so dar, daß eine (physische oder juristische) Persönlichkeit Anteile an mehreren Unternehmungen in Händen hat und sie auf dieser Grundlage zum Zusammenarbeiten zwingen kann. Gerade die Form der Aktiengesellschaft und das in Deutschland geltende Aktienrecht erleichterte diese Möglichkeit. Man kann eine Aktiengesellschaft sozusagen mit halber Kraft beherrschen, indem man die Majorität des Aktienkapitals erwirbt, und die ist schon mit dem Besitz von etwas mehr als der Hälfte des Kapitals erreicht. Selbst noch geringere Anteile am Gesamtkapital können unter Umständen — etwa durch Sitz und Stimme im Aufsichtsrat — für den Besitzer ausreichen, eine erwünschte Angliederung durchzuführen. Dadurch, daß auch die zum Konzern gehörenden Unternehmungen ihrerseits Aktienpakete zu erwerben vermögen, ist eine weitere Verflechtung und im ganzen eine Vermannigfaltigung des Beziehungsnetzes möglich. Durch Einfügung von Konzernunternehmungen in Kartelle und Interessengemeinschaften, durch Abschluß von Patentgemeinschaften und anderen Abkommen vermag der Bereich des Konzerns sich ins Ungemessene auszuweiten. In seinem Kern aber wird er zusammengehalten durch eine Verkettung von Kapitalbeteiligungen, und das ist recht eigentlich das Kennzeichen des Konzerns als Verbandsform. Sie läßt sich natürlich auch zu andern als vertikalen Vereinigungen verwenden, so daß die Konzernform keineswegs auf Kombinationen dieser Art beschränkt ist, wenn sie auch vorwiegen.

Die Statistik der Konzernbildung ist nicht befriedigend. Das deutsche Statistische Reichsamt weist selbst darauf hin, daß kein genaues Bild über diese Art Verbände zu gewinnen sei, schon deshalb, weil zur Angabe von Konzernbeteiligungen nur Aktiengesellschaften verpflichtet seien und auch deren Verhältnisse nicht ganz zuverlässig erfaßt werden könnten. Die tatsächliche Konzernbildung geht also über das nachweisbare Maß hinaus.

Unter solchen Vorbehalten wird festgestellt, daß Ende 1932 aktiv und passiv — unter Vermeidung von Doppelzählungen — mindestens 4060 Unternehmungen mit 18,811 Milliarden RM. Nominalkapital an Konzernen beteiligt waren, der Anzahl nach also mindestens 42%, dem Kapital nach 84% der vorhandenen Aktiengesellschaften. Im übrigen ist nach den Ermittlungen anzunehmen, daß besonders stark in Konzernen gebunden sind die Aktiengesellschaften der Grundstoffindustrien, der Wasser-, Gas- und Elektrizitätsgewinnung und -versorgung, der elektrotechnischen Industrie und des Versicherungswesens [1]).

Von der andern Seite, aus der Spannung zwischen Anbietern und Anbietern, erklärt sich die Verbandsform des Kartells. Während der Konzern in der Regel betriebliche Ursachen hat, d. h. auf Verringerung der Kosten gerichtet zu sein pflegt, will das Kartell auf dem Markt wirken, indem es das Auseinandergehen der gleichgerichteten Erwerbswirtschaften in der Frage des Absatzes aufzuheben oder doch zu mildern strebt. Keine Erwerbswirtschaft mag der gleichen andern den guten Preis mißgönnen, sie muß ihr aber den guten Absatz neiden. Denn je mehr andere absetzen, desto geringer wird ihr eigener Anteil am Gesamtabsatz sein. Die Absatzfrage ist die Triebfeder des Wettbewerbes. Sie findet ihren Ausdruck in mannigfachen Einzelheiten der Geschäftsgebarung. Alles, was von Einfluß auf den Absatz sein kann, wird unter dem Gesichtswinkel des Wettbewerbs betrachtet, Anpreisung und Absatzregelung, Lieferungs- und Zahlungsbedingungen, Qualität der Waren und vieles andere, namentlich aber die Höhe der Preise. In diesen Punkten sucht eine Erwerbswirtschaft der andern vorauszukommen, um ihren Absatz zu stärken. Und jeder Umstand von Bedeutung kann Gegenstand von Übereinkommen zwischen den Konkurrenten werden, kann zum Abschluß eines Kartells unter ihnen veranlassen. Ja, da die Kostenbildung auf die Preishöhe wesentlichen Einfluß hat, können sich die Kartellbestimmungen auch auf Einzelheiten der Produktionsregelung beziehen. Auch Ankaufskartelle kommen vor. Die Mannigfaltigkeit der Gestalten ist daher groß. Sie reicht vom einfachen Konditionenkartell, das vielleicht nur für Einzelheiten der Zahlungsbedingungen Einheitlichkeit vorschreibt, bis zum hochentwickelten Syndikat, das jedem Mitglied eine bestimmte Quote der gesamten Lieferungen zumißt, den Ausgleich überwacht, Strafen diktiert usw. Fast immer beruht der Zusammenhang im Kartell nur auf Vertrags-, nicht auf Eigentumsverbindung.

Vom Standpunkt des einzelnen Unternehmers aus gesehen, bedeutet der Abschluß eines Kartellvertrages mit andern Unternehmern desselben Wirtschaftszweiges immer eine Einschränkung

---

[1]) Vierteljahrshefte zur Statistik des Deutschen Reichs 1933, III. Band S. 61.

seiner Selbständigkeit, wenn er auch nur vertraglich gebunden, der Form nach selbständig ist. Daher haben sich die Kartelle in der ersten Generation der liberalen Wirtschaftsführer, solange die volle Handlungsfreiheit noch höchste Wertung erfuhr, kaum bilden können. Aber von den letzten Jahrzehnten des 19. Jahrhunderts an haben sie sich mehr und mehr ausgebreitet, zunächst unter dem Druck von allgemein schwierigen Absatzverhältnissen, später, und namentlich nach dem Weltkriege, einfach als Ergebnis der kühleren und schärferen Denkweise, die sich mit der wachsenden Größe und Kompliziertheit der einzelnen Unternehmungen einstellten. Die Vorteile leuchteten immer mehr ein. Denn beschränkt das Kartell auch jedes Mitglied in seiner Bewegungsfreiheit, so gibt es ihm doch auf der andern Seite die Gewißheit, daß die ihm angeschlossenen Mitbewerber in dem betreffenden Punkte ebenfalls gebunden sind und keine ihm nachteilige Überlegenheit ausbilden können. Er tauscht Sicherheit gegen Freiheit ein.

Zuverlässige statistische Angaben sind über die Kartelle in Deutschland nicht vorhanden. Für 1925 wird ihre Anzahl auf etwa 2000 geschätzt. Eine solche Angabe hat im übrigen keinen großen Erkenntniswert, weil erst die Verteilung auf Fachgruppen, der Jnhalt der Kartellverträge, die Anzahl der Mitglieder und ähnliches ihre volle Bedeutung ausmachen.

Welchen Umfang aber selbst in einer überwiegend agrarischen Volkswirtschaft gegenwärtig die Kartellbildung gewinnen kann, zeigt eine amtliche Untersuchung aus Polen, nach der im Jahre 1930 etwa 37% der Gesamtproduktion für den polnischen Binnenmarkt auf 50 Kartelle polnischer Unternehmungen entfällt.

Konzern und Kartell sind die zwei größten Formen der Unternehmungsvereinigung in Deutschland. Der eigentliche Trust als besondere Verbandsart kommt in Deutschland kaum vor. Er ist in England und den Vereinigten Staaten zu Hause, und hat Ähnlichkeit mit dem Konzern, insofern als er ein Gebilde mit finanzieller Bindung darstellt. Der Regel nach wird diese dadurch geschaffen, daß die Anteile einer Reihe von Unternehmungen bei einer Zentralstelle zusammengefaßt werden. Der Sprachgebrauch bezeichnet mit dem Ausdruck Trust aber auch schlechthin Verbände, die mehr oder minder monopolistische Macht auf dem Markte erworben haben, einerlei welche Form sie aufweisen, also auch wenn sie konzernartig oder kartellartig sind.

Zwischen Konzern und Kartell, bald in Art und Zweck dem einen, bald dem andern ähnlicher, steht die Verbandsform der Interessengemeinschaft. Sie ist insofern kleiner, als sich der Regel nach zu einer Interessengemeinschaft nur zwei oder drei Unternehmungen zusammenschließen, dann aber naturgemäß oft zu engem Zusammenarbeiten. Diese Verbandsart wird vielfach geradezu an Stelle einer völligen Verschmelzung, einer Fusion, gewählt, sei es, daß es aus steuerlichen Gründen ratsam erschien, sei es, daß sich die Unternehmungen scheuten, ihre Individualität völlig im Aufgehen in andere zu verlieren. Durch Austausch von Aktien oder durch Beteiligung von einer Seite allein kann der Zusammenhang, ganz ähnlich wie beim Konzern, sehr fest gestaltet werden. Oftmals liegt aber einzig und allein ein Vertrag vor, der das Zusammengehen auf dem Markte oder gewisse Regelungen in der Produktion festlegt oder auch nur bestimmt, daß die Summe der Gewinne nach einem vereinbarten Schlüssel auf die Mitgliedsfirmen verteilt wird.

Sehr bemerkenswert ist, daß die bis jetzt genannten Verbandsformen sich ganz überwiegend in der Sphäre der größeren Unternehmungen, andererseits aber in fast jedem Wirtschaftszweig finden, wenn auch kaum in der Land- und Forstwirtschaft. Und die Kartelle dringen tief in den Bereich der Erwerbswirtschaften mittlerer und geringer Größe ein, umfassen auch Einzelunternehmungen und offene Handelsgesellschaften, während für Konzern und Interessengemeinschaft hauptsächlich die Unternehmungen in Aktienform, daneben auch noch in größerer Anzahl die Gesellschaften mit beschränkter Haftung, in Betracht kommen.

Handwerk, Landwirtschaft und die Normalbetriebe des Einzelhandels haben andere Formen von Vereinigungen ausgebildet, um den Wettbewerb untereinander und die Spannungen zum Abnehmer abzuschwächen. Beim Handwerk ist vielfach die aus der alten Zunft entstandene Innung auch dazu übergegangen, Richtpreise festzulegen und hier und da sogar ihren Mitgliedern gewisse Bedingungen für die Produktion und die Absatzeinrichtungen vorzuschreiben. Im übrigen sind die kleinen selbständigen Erwerbswirtschaften aller Art und jeder Richtung das Herrschaftsgebiet der Genossenschaften, in der Landwirtschaft greifen sie auch auf den Großbetrieb über. Die Genossenschaft unterscheidet sich im tiefsten Wesen von allen andern Formen der Vereinigungen. Sie will nicht eigentlich Frieden stiften zwischen Konkurrenten, wie das Kartell, auch nicht Zusammenarbeit erzwingen, wie der Konzern, ihr Sinn ist vielmehr, die schwachen Seiten der kleinen Erwerbswirtschaft durch Gemeinschaft zu stärken.

Die Genossenschaft ist eine Gemeinschaftsprothese für die gleiche Schwäche jedes einzelnen Mitglieds. Hat jeder einzelne kleine Möbeltischler der Stadt nicht die Kapitalkraft, sich einen Ausstellungs- und Verkaufsraum zu mieten — eine Genossenschaft vermag ihn mit Hilfe der Beiträge für die Gesamtheit der Genossen zu beschaffen. Gemeinschaftlich sind Bauern imstande, für ihre Milch den bestmöglichen Absatz zu finden oder auch sie zunächst zu Butter und Käse vorteilhaft zu verarbeiten, können sie Eier, Getreide, Vieh günstig verkaufen, andererseits Saatgut in bester Güte, Düngemittel zu billigstem Preise beziehen. Gemeinschaftlich in der Form der Genossenschaft kaufen Friseure ihren Bedarf an Parfums ein, Anstreicher ihre Pinsel und Farben, werden sogar bankartige Einrichtungen geschaffen, um Handwerkern, Kleinkaufleuten, Bauern Kredite in geeigneter Weise zu vermitteln. Keine Verbandsart hat so mannigfaltigen Inhalt und ist so weit verbreitet wie die Genossenschaft. Sie beschränkt sich, ihrem Wesen gemäß, nicht auf den Wirkungskreis der angeführten Unternehmerverbände. Einerseits befaßt sie sich weit häufiger mit der Organisation auch der Ankaufs- und Beschaffungstätigkeit, andererseits ergreift sie überhaupt nicht bloß Erwerbswirtschaften, läßt sich vielmehr auch von Verbrauchern anwenden, die in den Gestalten der Konsumgenossenschaften und Baugenossenschaften geradezu die bisher einzig wirksamen Vereinigungsarten gefunden haben.

Anfang 1934 werden im Deutschen Reich 51 525 Genossenschaften gezählt, darunter rund 21 100 Kreditgenossenschaften, 5500 Elektrizitätsgenossenschaften, 5800 Molkereigenossenschaften, 4000 landwirtschaftliche und 1600 gewerbliche Rohstoffgenossenschaften, 4200 Wohnungs- und Baugenossenschaften, 1600 Konsumvereine. In 1067 Konsumvereinen, die 1933 berichtet haben, werden 3 344 410 Mitglieder festgestellt.

Zur Erhellung der Frage, welche Bedeutung die kleingewerblichen Innungen haben, mag die Angabe genügen, daß die deutsche Reichsstatistik für 1933 einen Bestand von 12 612 Zwangsinnungen mit 896 038 Mitgliedern, 5309 freien Innungen mit 182 896 Mitgliedern aufführt.

Innungen und Genossenschaften haben viel ältere Wurzeln als die Unternehmungsverbände. Sie sind auch nicht bloß in Zweck und Form von ihnen unterschieden. Auch ihr Geist ist anders. In den Innungen lebt noch etwas von der alten Zunftmoral, von der Rücksicht auf Standesgenossen und Nachbarn. Immer noch erfüllt die Ähnlichkeit des Denkens und das Bewußtsein des handwerklichen Könnens die Angehörigen der Innung mit einem Gefühl der Zusammengehörigkeit. Ein kräftiger Ton von Gemeinschaft schwingt trotz aller dissonierenden Regungen auch heute im Leben der Innungen mit. Gemeinschaft ist auch das, was die Genossenschaft verkörpern will, freilich auf ihre Art. Der rechte Genossenschaftsgeist hat mehr zum Inhalt als das Erwerbsstreben allein. Hilfsbereitschaft, Gleichheit, Rücksicht, Lebenlassen suchen sich zur Geltung zu bringen. Der Mensch spricht mit, das Sachliche der Zweckverfolgung gilt nicht so rein wie in Konzernen und Kartellen. Das aber gehört gerade zur Eigenart der Entwicklung, daß der zweckhafte Einschlag an Bedeutung gewonnen und die Bindekraft des Gemeinschaftsgefühls übertroffen hat. Auch in Innungen und Genossenschaften herrscht schließlich der Erwerbsgedanke vor. Sie sind um so lebenskräftiger, je besser sie den Erwerbsinteressen der einzelnen Mitglieder zu dienen scheinen. Die vordringende Ratio des Erwerbsstrebens hat sie den Verbänden der größeren Unternehmungen recht ähnlich gemacht.

Das Beruflich-Menschliche, was immerhin den Vereinigungsformen der Innung und der Genossenschaft einen wesentlichen Teil ihrer Eigenart gibt, lebt auch als Wesenszug in den Organisationen, die, von den unselbständigen Erwerbstätigen für ihre Zwecke geschaffen, sich den Verbindungen der selbständigen Erwerbswirtschaften zur Seite stellen. Auch die Arbeiter und Angestellten schließen sich zusammen, um sich für den Erwerbskampf zu stärken. Sie haben ihre Gewerkschaften früher und unbedenklicher gegründet als die Unternehmer ihre Verbände, weil unter der Herrschaft des Liberalismus die Übermacht des kapitalbesitzenden Unternehmers, des Begehrers ihrer Arbeitsleistung, für die Unselbständigen viel gewichtiger in Erscheinung trat als ihr Wettbewerb untereinander. Ihr persönliches Leben, ihre Familien, die Zukunft ihrer Kinder hingen deutlich ab von der Frage, ob es gelingen würde, für die angeborene Schwäche, die jedem einzelnen von ihnen in seiner Armut an Besitz und Kenntnissen anhaftete, einen rettenden Ausgleich zu finden. Auf sich allein gestellt, mußte jeder Lohnarbeiter glauben, von dem Angebot des Unternehmers fast bedingungslos abhängig zu sein, weil er weder die Mittel hatte, auch nur kurze Zeit auf den Ertrag aus seiner Hände Arbeit zu verzichten, noch die Marktübersicht, um sich nach den günstigsten Möglichkeiten zu richten. Aus dieser Lage, die der Lohnarbeiterschaft sehr bald offenbar werden mußte, ergab sich jedoch nicht allein das Streben nach gewerkschaftlichem Zusammenschluß, sondern für die Gesamtheit der Arbeiterschaft auch die Disposition für eine zweifelnde, sogar ablehende Haltung gegenüber der geltenden Wirtschaftsordnung. Während sich jedoch in England unter den günstigeren psychologischen und wirtschaftlichen Umständen das Gewerkschaftswesen überwiegend als Mittel der wirtschaftlichen Kräftigung im Rahmen der gesamten Entwicklung ausbildete, kam in Deutschland viel stärker die negative Komponente zur Entfaltung, indem die namentlich an die Lehre von Karl Marx sich anschließende sozialistische Propaganda den Gegensatz zu der herrschenden Ordnung vertiefte und systematisierte, so daß die deutschen Gewerkschaften von ihrer Entstehung an den Charakter politisch gefärbter Verbände trugen. Wenn auch die Gewerkschaften durchaus nicht alle auf dem Boden der Marxschen Auffassung standen, so war ihnen doch tatsächlich ein Zug der Ablehnung gemeinsam. Karl Marx war es, der der Arbeiterschaft das Klassengefühl gab, und eben dieses heftete sich — in verschiedener Abtönung bei den verschiedenen Gruppen — fest an das deutsche Gewerkschaftswesen. Natürlich wurden von solchen außerwirtschaftlichen, politischen Motiven auch die Methoden der Gewerkschaften in der Vertretung der Arbeiterinteressen beeinflußt. Das konnte wieder nicht ohne Rückwirkung auf die Betätigung der Arbeitgeberverbände bleiben, der Vereinigungen, die auf der Unternehmerseite als Gegengewicht zu den Gewerkschaften entstanden.

Annähernd 7 Millionen Mitglieder wiesen die deutschen Arbeiter- und Angestelltenverbände Anfang 1932 auf, das sind rund 37% aller Arbeitnehmer, die von der Krankenversicherung erfaßt waren. Von den Beamten waren etwa 1,3 Millionen in Berufsverbänden organisiert.

Mit der Neigung zur grundsätzlichen Gegnerschaft gegenüber Wirtschaft und Gesellschaft, wie sie sind, ist den Gewerkschaften der Lohnarbeiter eine besonders extreme Haltung im System der wirtschaftlichen Beziehungen zu eigen. Es ist gewissermaßen eine Übertreibung der einen Seite des Widerspiels, auf den sich der Zusammenhang der wirtschaftenden Menschen gründet, eine Verzerrung der Gegensätzlichkeit, die, seltsam genug, in der modernen Wirtschaft als Faktor des Zusammenhalts und Antriebs stärker hervortritt als der andere Faktor, die Übereinstimmung in andern Interessenzügen.

In ihren Wurzeln geht die Gegensätzlichkeit, die unter den Erwerbswirtschaften gleicher Richtung ebensowohl wie zwischen ihnen und ihren Lieferanten sowie ihren Abnehmern besteht, zurück auf die Verknüpfung der grundlegenden Umstände, daß jede Erwerbswirtschaft ihre Leistungen gegen Entgelt für andere vollzieht, und zwar bei Freiheit des Ausmaßes, der Auswahl und des Gewinns. Aus Fremdproduktion und Freiheit ergeben sich Gegnerstellung zu den gleichgerichteten und Gegnerstellung zu liefernden und zu abnehmenden Wirtschaften. Wie aus solchem Antagonismus und seiner notwendigen Ergänzung, der entsprechenden Übereinstimmung, die Entwicklung schließlich vorwärtsgetrieben wird bis zur umfassenden Verbandsbildung, ist im Vorstehenden zu schildern versucht worden.

Es bleibt noch übrig, darauf hinzuweisen, daß sich die Neigung zu Vereinigungen mit wirtschaftlichen Zwecken durchaus nicht auf jene Formen beschränkt, die unmittelbar bis in die Einzelheiten der Produktion und des Absatzes hineinzuwirken trachten. Vielmehr sind in wachsendem Maße auch Fachvereine in engeren und in weiteren Gruppierungen entstanden, Vereine, die allgemeine technische, wirtschaftliche und rechtliche Fragen des betreffenden Interessengebietes zu erörtern unternehmen, ohne in die wirtschaftliche Selbstständigkeit ihrer Mitglieder einzugreifen.

Die Anzahl dieser Art Vereinigungen ist nicht zu übersehen. Sie zeigen überdies in ihren Zwecken und Mitteln große Verschiedenheiten. Am reichsten dürften sie in der Industrie ausgebildet sein. Dort haben sie auch den größten Einfluß erlangt. Ihre Spitzenorganisation in Deutschland, der Reichsverband der Deutschen Industrie, ist jüngst in den Reichsstand der Deutschen Industrie umgewandelt worden, und ähnliche Zusammenfassung hat auch der Handel und das Handwerk gefunden, wobei in den Reichsstand des Deutschen Handwerks auch die Innungen einbezogen worden sind.

Das Ergebnis, im großen gesehen, ist schließlich, daß die ursprüngliche Grundstruktur ganz erheblich verändert ist. Abgesehen von dem Aufkommen neuer Typen der Erwerbswirtschaft selbst ist die Isoliertheit der einzelnen Erwerbswirtschaften mannigfach durchbrochen von Zweckzusammenballungen der verschiedensten Art. Wenigstens unter den selbständigen Erwerbswirtschaften gibt es kaum eine mehr, die nicht zum mindesten einer Vereinigung angehörte. Sehr viele und namentlich größere aber sind gleichzeitig in mehrere und verschiedenartige Vereinigungen eingefügt. Die umfassende Verbandsbildung hat indessen die Gegensätzlichkeit nicht beseitigt. Sie hat aber zusammen mit der Entstehung der Gesellschaftsunternehmung die Kräfteverteilung verschoben und damit auch im inneren Gehalt die Struktur der Wirtschaft verändert.

Erst im Dritten Deutschen Reich ist der große Versuch unternommen worden, das Verbindende stärker zu betonen und auch in den Vereinigungen zum Ausdruck zu bringen. Die Arbeitnehmer und die Arbeitgeber sind in einer einzigen riesigen Gruppe, der Deutschen Arbeitsfront, zusammengefügt worden. Gewerkschaften und Arbeitgeberverbände sind verschwunden. Auch die Innungen und Genossenschaften sowie alle allgemeinen Vereine haben Umgestaltungen erfahren, indem sie ohne Ausnahme ausgerichtet wurden auf das Zusammenarbeiten aller Angehörigen in der Richtung auf die Volksgemeinschaft. Im Aufbau selbst mußte vieles sich ändern. Die Vielzahl der Vereine ist verringert, eine möglichst weitgehende Einheitlichkeit geschaffen worden. An die Stelle des Majoritätsprinzips innerhalb der Vereinigungen ist der Führergrundsatz getreten. Die Leitung der Geschäfte liegt einem Führer verantwortlich ob und soll von ihm im einheitlichen Geist, im Sinne der nationalsozialistischen Weltanschauung, ausgeübt werden, so daß schließlich alle Vereinstätigkeit überhaupt zusammenstrahlt in einer einzigen Willensrichtung, als dessen Ziel die Volksgemeinschaft erscheint.

Der Widerstreit zwischen Einzelstreben und Verbundenheit. Im Lauf der Entwicklung macht sich mit immer größerer Kraft der innere Gegensatz geltend, der unserer Wirtschaftsweise im tiefsten eigentümlich ist, nämlich, daß die in ihr gebundenen Menschen nicht unmittelbar für ihre eigenen Bedürfnisse, sondern nur mittelbar, über den Umweg der Leistungen für andere, tätig sind. Daraus ergibt sich für jeden zunächst die Notwendigkeit des Erwerbs, d. h. des Gelderwerbs, der wiederum der Möglichkeit künftigen Gelderwerbs ebensowohl zu dienen hat wie der Deckung des Lebensbedarfes, also sein Maß nicht in dem Umfang der eigentlichen Bedarfsdeckung sucht. Das im Erwerb beschlossene Streben nach Gewinn kennt nach oben keine Begrenzung. Es ist aber angewiesen auf die Nachfrage von seiten anderer. Das Selbstinteresse am unbegrenzten Gewinnen, das jede einzelne der Millionen von Einzelwirtschaften in sich spürt, vermag sich nur zu verwirklichen in der entsprechenden Erfüllung der Interessen anderer Einzelwirtschaften. So ist die Einpassung der eigenen Leistungen in den Bedarf der Gesamtheit die erste Voraussetzung für den Erfolg. Aber dieser Bedarf ist elastisch. Er ändert sich, wechselt und läßt sich ausdehnen. Man paßt sich nicht in einen gegebenen starren Rahmen ein, sondern man kann verdrängen, kann vielfach den üblichen Verbrauch mengenmäßig ausweiten, kann alte Wünsche umbiegen auf andere Formen der Erfüllung und schließlich auch bisher unbekannten Bedarf mit neuartigen Darbietungen hervorlocken. In diesen Möglichkeiten reizt viel Abenteuerliches die Erwerbswirtschaft, in ihnen stecken letzten Endes alle Chancen und das ganze Risiko des Dranges nach Vergrößerung des Gewinnes. Freilich spielt daneben, im ganzen gesehen, das Festhalten an dem, was man hat und kann, im Verfahren der Erwerbswirtschaften eine sehr gewichtige und bedeutsame Rolle. Denn in der Masse der Begehrenden, deren Bedarf das Maß der verwertbaren Darbietungen abgibt, walten ebenfalls Gewohnheit und Beharrung als starke Kräfte. Indem sie sich der Veränderung und dem Neuen entgegensetzen, halten sie den Zusammenhang im Fortgang des wirtschaftlichen Geschehens aufrecht, bewahren sie diesem eine stetige Vergleichbarkeit in allem Fluß. Aber das unaufhörliche Fließen des Geschehens bedeutet mehr als bloßes Vergehen und Ersetzen der wirtschaftlichen Güter. Das gerade ist das wesentlichste Ergebnis jenes Dranges zum Gewinnen, daß sich überall trotz aller Beharrungskräfte mehr und Neues anbietet und — hier liegt das Entscheidende — auch aufgenommen wird. Darin besteht der Inhalt des wirtschaftlichen Fortschritts. Sein Geheimnis geht zurück auf den Umstand, daß gleichermaßen auf seiten des Verbrauches wie der Erzeugung die Neigung zur Ausdehnung besteht. Beim Verbrauch bleibt stets mancher Wunsch offen, bei der Erzeugung gehört das Bemühen, den Absatz zu vergrößern, zu den Grundbedingungen der Gewinnsteigerung. Im Verbande des Tauschverkehrs tritt aber jeder Verbraucher auch als Darbieter von Leistungen, jeder Leistende auch als Verbraucher auf. So vermag in diesem Zusammenhang auch das vergrößerte Angebot soweit zum Ausgleich zu kommen, wie durch Vermehrung der Darbietungen in verschiedenen Teilen des Bedarfsfeldes der Tauschverkehr gleichmäßig auf seinen beiden Seiten mit gewachsenen Größen zu tun hat.

So einfach diese Verumständung in einem solchen grundsätzlichen Aspekt erscheint, so überaus verwickelt stellt sie sich in den Erscheinungen der empirischen Wirklichkeit dar. Hier muß das Gleichgewicht im Fortschreiten der Gesamtheit von jeder der für sich vorgehenden Einzelwirtschaften ertastet werden. Für jede einzelne ist die Richtigkeit ihrer Produktion und Darbietung dann erwiesen, wenn sie zum einträglichen Preise Absatz findet. Wenn der Preis einen durchschnittlichen Überschuß über die Kosten ergab, so stand er im Einklang mit dem gesamten Preissystem. Denn alle Kosten sind letzten Endes ebenfalls Preise, die wiederum ihrerseits mit Kosten, also Preisen für Aufwände, verknüpft sind, so daß sich insgesamt ein unabsehbares Netz zusammenhängender Preise ergibt. Beim freien Wettbewerb sucht jeder Anbieter soviel wie möglich zu erlangen, jeder Begehrer sowenig wie möglich zu bezahlen, mit dem Ergebnis, daß im reinen Fall, wenn jeder sich gleichmäßig auszuwirken vermag, der tatsächliche Umsatzpreis sich auf die Höhe einstellt, bei der er noch den mindestens erforderlichen Gewinn erbringt. Das ist die Preishöhe, bis zu der, wenn sie auf alle Arten Umsätze zutrifft, der Anreiz zum Verkaufen einerseits, zum Kaufen andererseits gerade noch wirkt. Damit wird der weiteste Umfang des Ausgleichs getroffen, der erreicht werden kann. Die Preisbildung wirkt auf solche Weise, unter der Voraussetzung völlig freien Spiels von Angebot und Nachfrage, als Mittel und Maß der bestmöglichen Bedarfsdeckung.

Mit diesem Kräftesystem, das in sich zusammenhängt, jedoch keineswegs starr ist, muß auch der Fortschritt, die Ausweitung des Angebots, rechnen. Allerdings ist in der Wirklichkeit jene Voraussetzung nicht ganz gegeben, spielen Angebot und Nachfrage nicht frei im Raum des Marktes. Sie behalten die Neigung dazu, werden jedoch abgelenkt und behindert, nicht bloß von unwirtschaftlichen Motiven des beteiligten Menschen, von den beharrenden Kräften ihrer Gewohnheiten, von der Unzulänglichkeit ihrer Marktübersicht und ihren Irrtümern, sondern auch von Einflüssen des Staates, der mit Zöllen, Steuern, wirtschafts- und sozialpolitischen Auflagen die Kräfteverhältnisse verschiebt, sowie von Unebenheiten im Verfahren anderer Glieder des großen, auf Preise und Kosten einwirkenden Zusammenhangs. In diesem Sinne sind namentlich die kapitalvermittelnden Banken mit ihren verschiedenartigen Kreditbedingungen und ihrer Zinsbemessung von Einfluß, daneben aber auch eine unabsehbare Mannigfaltigkeit von Sonderabkommen und Ausnahmen aller Art in den Beziehungen zwischen Käufern und Verkäufern.

Zu den Kennzeichen der vordringenden Wirtschaftsratio gehört es, daß die Vorteile und Nachteile, die aus solcher Verumständung erwachsen, immer sorgfältiger aufgespürt und immer sicherer in der Weiterbildung der Erwerbswirtschaft berücksichtigt werden. Begünstigt werden dadurch die Formen der Gesellschaftsunternehmung und insbesondere die Aktiengesellschaft. Sie liegen im Schnittpunkt des Strebens nach dem ergiebigsten Betrieb und des Bemühens um die vorteilhafteste Stellung im Zusammenhang des Leistungsverkehrs. Die grundsätzlichen Betriebsvorgänge der Aktiengesellschaft sind bereits geschildert. Sie kann aber auch außerhalb des Betriebes, auf dem Markte, durchweg günstigere Bedingungen erzielen, z. B. als Großkunde in der Beschaffung der Betriebsmittel von Sachlieferanten und Banken, überdies ist sie besonders gut in der Lage, sich im öffentlichen Leben auf mannigfache Weise wirksam zur Geltung zu bringen. Ähnliches gilt von den andern Formen der kapitalkräftigen Gesellschaftsunternehmung. Daß sie auch im Bankwesen besondere Vorteile gewinnen können, ist bereits in einem früheren Abschnitt dargelegt worden. Am stärksten wird die Kapitalgesellschaft im Verbande des Konzerns und des Kartells, indem das Zusammengehen mit andern die Kostenseite begünstigt oder die Marktseite erleichtert. Das alles erklärt das Vordringen der neuen Formen. Und wenn auch die kleineren Erwerbswirtschaften nach wie vor ganz erheblich in der Überzahl bleiben, sogar im Zahlenverhältnis gegenüber den Gesellschaftsunternehmungen nur langsam zurückweichen, haben diese doch einen immer größeren Teil der tätigen Menschen und des Umsatzes an sich gezogen. Und ihre rationelleren Verfahren dringen immer noch weiter vor. Sie werden vorbildlich für die Methoden der andern. Auf die eigentlichen Grundzüge angesehen, erweist sich die Entwicklung als ein Fortschreiten zu immer größerer Breite und Feinheit der Darbietung und Anwendung von Gütern, ein Fortschreiten, das angetrieben wird von dem auf immer mehr durchdachte, immer sorgsamere Weise verwirklichten Erwerbsstreben. Die modernen Gesellschaftsunternehmungen und wirtschaftlichen Vereinigungen aller Art sind hochentwickelte Gestaltungen dieses Strebens. Sie haben sich unter den aufgewiesenen Spannungen und Umständen im Laufe mehrerer Generationen als die wirksamsten Versuche zur Erreichung und Sicherung des größtmöglichen Erwerbserfolges herausgebildet.

Zugleich kommt in ihnen jedoch die Schwäche des ganzen auf Erwerb im freien Tauschverkehr aufgebauten Wirtschaftssystems am sichtbarsten zur Erscheinung. Soweit die Unternehmungen nämlich den Vorzug der auf Ausnutzung der festen Kosten gegründeten billigen Massendarbietung — einen Vorzug, den sich überdies nicht alle gleichmäßig zunutze machen können — in der Gesamtheit erkaufen müssen mit der Gefahr eines zu geringen Absatzes, haben sie zu spüren, wie schwierig es ist, die Gesamterzeugung im Gleichmaß mit dem Gesamtbedarf zu halten. Aus dieser Not entstehen die wirtschaftlichen Verbände. Aber jene Vorteile, die in der Gestaltung der einzelnen Betriebe liegen, sind für die Erwerbswirtschaft augenfälliger als diese Gefahr, die von der Gesamtheit herkommt. Die Neigung zur Verstärkung ihrer Leistungsfähigkeit wirkt in der Reihe der Erwerbswirtschaften weiter. Damit bleibt — bei aller Möglichkeit der auf beiden Tauschseiten gleichmäßigen und soweit sich ausgleichenden Steigerung — auch die Tendenz bestehen, daß das Maß des Bedarfes an einzelnen Punkten immer wieder überschritten wird. Auch die Einwirkungen vom Kapitalverkehr und insbesondere von der Krediterteilung her vermögen das nicht zu ändern.

Die Lösung der großen Aufgabe, die mit dem Prinzip der Fremdproduktion schon in die Grundordnung unserer Wirtschaftsweise hineingelegt ist, macht wachsende Schwierigkeiten, je zahlreicher die Aktiengesellschaften und Wirtschaftsbünde werden, je mehr Massenerzeugung, Massendarbietung in den verschiedenen Sachbezirken der Wirtschaft üblich wird und je mehr dieses Ergebnis der europäischen Wirtschaftsentwicklung in den übrigen Teilen der Welt Schule macht. Gewiß gehört es zu der Eigenart der neueren Verbandsentwicklung, daß die Frage, wie Überangebot zu verhindern ist, besonders dringlich zur Geltung kommt. Die Verfeinerung der Kartelle, die Fortbildung zu Syndikaten, der Abschluß von internationalen Kartellverträgen, der häufiger wird, je mehr in verschiedenen Volkswirtschaften die Leistungsfähigkeit der Unternehmungen und damit auch der Kampf auf dem Weltmarkt sich steigern — das und ähnliches will im letzten Sinne dem Zweck dienen, Angebot und Nachfrage soweit wie möglich im Gleichmaß zu halten. Unaufhörlich aber pressen auf solche, die Einpassung bezweckenden Bindungen die fortgesetzten Bemühungen der einzelnen, ihrerseits doch noch mehr zu gewinnen. Solche Bestrebungen, die sich auf weitere Vergrößerung der Erzeugung richten, können infolge der Quotenjagd sogar in Kartellen noch gefördert werden. Zwischen Vorwärtsdrängen der einzelnen und der Notwendigkeit zum Maßhalten in der Gesamtheit herrscht ein dauernder Streit, ganz ähnlich wie er beim nicht gebundenen Wettbewerb entbrennt, nur daß er sich hier für die einzelne Erwerbswirtschaft in die Gestalt des Zwanges kleidet, die Preisforderung so niedrig zu halten, daß ihre Darbietung dem Bedarfsgrade entspricht. Hier wie dort bleibt, von allen modifizierenden Umständen abgesehen, das Streben nach den geringsten Kosten und damit durchweg nach Großform und Massendarbietung geradezu das allgemeine Gesetz der erwerbsmäßigen Zweckhaftigkeit, wie sie sich von der Einzelwirtschaft aus ansieht. Nur die Darbietungen von Gütern besonderer Eigenart und Qualität und die Leistungen für einen örtlich eng begrenzten Markt dürfen davon eine Ausnahme machen. Darin liegt die Stärke der Handwerke und zahlreicher sonstiger Einzelunternehmungen. Aber ihre Ruhe wird unablässig bedroht von jenen rationeller arbeitenden Unternehmungen.

So ist, auf die Veränderung hin gesehen, schließlich das die Lage, daß zwar die Mittel zur Anpassung an den kauffähigen Bedarf durch Betriebsgestaltung und Marktorganisation außerordentlich verfeinert worden sind, gleichzeitig jedoch die Schranken, die das Maßhalten setzen muß, unter der Einwirkung der vordringenden Möglichkeit zum günstigeren Erzeugen und Darbieten von tausend und abertausend einzelnen Stellen aus immer aufs neue durchbrochen werden. Und das ist um so leichter zu begreifen, als ja im Grunde die künftige Aufnahmefähigkeit trotz aller Fortschritte in der Übersicht, Beobachtung und Behandlung des Marktes von der Stelle der Entscheidung, der Erwerbswirtschaft aus doch nicht ganz erkannt werden kann. Hier liegen ebenso wie Chancen und Risiko der einzelnen Unternehmung auch die Möglichkeiten zur aufsteigenden Konjunktur und zur Krise. Die wirtschaftliche Krise, diese aus gehäuften Fehlgriffen der einzelnen entstandene Verzerrung in der Proportionalität des Ganzen, ist mit der Verfeinerung der Betriebs- und Marktgestaltung, der Ausbildung von Großunternehmungen und Verbänden keineswegs aus der Welt geschafft, soviel auch die moderne Organisationsbewegung gerade darauf hinzielt, dieses Ergebnis zu erreichen. Aber die vordringende Bewegung zum Zusammenschluß ist ein Zeichen dafür, daß jenes Streben nach Großform und Massendarbietung jetzt selbst seine Grenzen spürt. Die wirtschaftlichen Verbände sind insgesamt Ausdrücke des Schwächegefühls der einzelnen Unternehmung. Alle schränken sie deren Selbständigkeit ein und bemühen sich, ihre Darbietungen in das Maß des Gesamtbedarfs einzupassen, wenn die Unternehmung allein es nicht mehr zu vermögen glaubt.

Ein kritischer Punkt der Strukturentwicklung scheint erreicht zu sein. Im Verhältnis der Erwerbswirtschaften zueinander ist bemerkenswert, daß der Wettbewerb keineswegs mehr den Geltungsumfang und daher auch nicht die regulierende Kraft besitzt wie früher. Die überaus wichtige Aufgabe, Angebot und Nachfrage soweit wie möglich in Übereinstimmung zu bringen, wird nicht mehr allgemein durch die Preisbildung im freien Wettbewerb erfüllt, vielmehr greifen hier die Preisabreden in Verbänden und Vereinigungen aller Art hinein und bringen in das ganze System der Preise ein starkes

Moment von einseitiger Konstruktion und Starrheit. Die privatwirtschaftlichen Regelungen durch Verbände und Abkommen, zu denen sich das Erwerbsstreben veranlaßt gesehen hat, haben zu einem Mischzustand von Gebundenheit und Freiheit geführt.

Ebenso bemerkenswert ist die Veränderung im Verhältnis der Erwerbswirtschaft zur Verbrauchswirtschaft. Was die alte organische Zusammengehörigkeit dieser Zellen in der Einzelwirtschaft anbetrifft, so fehlt ein solcher Zusammenhang bei den neuesten und wirkungsstärksten Unternehmungsformen gänzlich. Die Aktiengesellschaft kennt die organische Ergänzung durch den Haushalt überhaupt nicht. Hinter ihr steht der Regel nach keine Familie als lebendiger Träger. Ihre Inhaber pflegen vielmehr anonym, zahlreich und wechselnd zu sein; sie sind oft bloß eine zusammenhangslose Summe von Menschen, die der sachliche Aufgabenkreis der Unternehmung nur wenig kümmert, die vielmehr allein an dem Ertrag an sich oder auch an einem möglichen Kursgewinn Interesse haben. Ihre Haushaltungen hängen in der Regel nicht davon ab. Das pflegt auch für den häufigen Fall zuzutreffen, daß einer oder wenige Großaktionäre das Geschick der Aktiengesellschaft bestimmen. Ihre Leiter sind besondere Angestellte, sind Arbeitnehmer jener anonymen Inhaberschaft. Sie beziehen ihr Gehalt wie die Arbeiter ihren Lohn. So führt die Aktiengesellschaft ein eigenes, ein versachlichtes Leben. Ganz ähnlich steht es mit den übrigen Formen der Kapitalgesellschaften. Das bedeutet das Zerbrechen des Organismus Einzelwirtschaft. Diese Art Erwerbswirtschaften hält von allen Verbrauchswirtschaften Distanz, auch von denen, die entgeltlose Anrechte auf sie haben, also eigentlich mit ihr zusammengehören.

Die Verbindung der Erwerbswirtschaft mit der nicht zugehörigen, der fremden Verbrauchswirtschaft, ist vielfach auch verändert. Hier betrifft allerdings die Änderung grundsätzlich ein Verhältnis etwas anderer, weiterer Art, nämlich das des Lieferers zum Abnehmer allgemein. Die alte Beziehung des Erzeugers oder Händlers zu seinen Abnehmern, wie es sich am einfachsten während der Zunftperiode in der sogenannten Kundenproduktion darstellt, ist nicht allein immer mehr der sogenannten Marktproduktion gewichen, sondern in weitem Maße haben die Anbieter von sich aus den Bedarf selbst kunstvoll zu gestalten begonnen, und zwar sowohl gemeinsam durch Verbündungen wie allein. Von den anbietenden Erwerbswirtschaften geht jetzt nicht nur die Entscheidung über die Preisbildung aus —

das ist immer geschehen —, sondern sie suchen den aktiven Einfluß der Nachfrage überhaupt auszuschalten, indem sie ihm zuvorkommen mit einer sorgfältigen Erwägung, die Kauflust und Kaufvermögen berücksichtigen und daraufhin die Art der Waren und die Preise für einen möglichst weiten Absatzkreis und auf möglichst lange Dauer festsetzen will. In diese Richtung zielen außer den Verbandsbildungen auch die immer zahlreicheren Standardisierungen und Typisierungen von Waren, deren ausgeprägteste Erscheinung der Markenartikel ist. An die Standardware heftet sich leicht die Tendenz zum Fixpreise. Der Absatzmarkt wird immer mehr angesehen, als sei er mit rational zu erfassenden und abzustufenden Bedarfstypen erfüllt. Und in diesem Sinne wird er weiter geformt. Das entspricht dem Interesse der auf Massenproduktion gerichteten Betriebsweise, wie überhaupt all der Darbietungen, die sich wesentlich auf die Vorzüge der festen Kosten stützen, aber deren Kehrseite fürchten müssen.

Die veränderten Beziehungen der Erwerbswirtschaft sind bezeichnend für den gegenwärtigen Zustand der Wirtschaftsstruktur. Indem die Erwerbswirtschaft es aufgibt, schlechthin Außenzelle der Einzelwirtschaft zu sein, indem sie versucht, gleichzeitig sich zu emanzipieren und sich durch rationale Organisation im Markt, in einem möglichst weiten Markt, zu befestigen, hat die Wirtschaftsstruktur einen neuen Entwicklungsabschnitt erreicht. Es ist das dritte Stadium, nachdem zunächst die Überführung der ursprünglich sich selbst genügenden Einzelwirtschaft in den tauschbedürftigen Zustand, dann die Funktionsteilung zwischen Erwerbswirtschaft und Verbrauchswirtschaft vorausgegangen sind. Die nun vorgeschrittene Emanzipation der Erwerbswirtschaft vom eigenen Haushalt und vom engeren, ohne Organisation überschaubaren Markt, dieser Unternehmungscharakter, der im Wesen der Aktiengesellschaft und ihrer rationellen Wirkungsgestaltung sein Muster erblickt, gibt der Sozialwirtschaft einen Zug von Künstlichkeit und Lebensferne. Von unzähligen einzelnen Stellen aus im Tauschverkehr und Kapitalverkehr gesponnen, in zahllosen Verbänden, durch Eigentumsrechte und Verträge gesichert, ziehen sich die Fäden der Wirtschaftsbeziehungen, teils einander verstärkend, teils einander ausschließend, im dichten Gewebe über den Weltmarkt, ein Gewirr von wettkämpferischen Bemühungen.

So sieht jetzt das Ergebnis der Entwicklung aus, in der die Einzelwirtschaft, getrieben von ihrem Selbstinteresse, die Waffen der inneren und äußeren Organisation, der Technik, des Kapitalverkehrs und des Vertrages, mit wachsender Zweckmäßigkeit ausgebildet und gehandhabt hat. Es ist das vorläufige Resultat der nie ruhenden, nie ihr Ziel erreichenden Bewegung zur Aufhebung der Antinomie, die in dem wahren Wirtschaftsinteresse lebt, solange das System des grundsätzlich freien Wettbewerbs besteht, das heißt, der Bewegung zum Ausgleich des Gegenspiels zwischen der Verfolgung des eigenen Gewinnstrebens und der Notwendigkeit, sich in die Gesamtheit der wirtschaftlichen Wünsche und Kräfte einzufügen.

III. Der Staat und die Wirtschaftsstruktur.

I. Der Staat in der Wirtschaft.

Auch der Staat muß wirtschaften. Dazu zwingt ihn die Tatsache, daß er, die Machtform des Volkes, gewisse Aufgaben zu erfüllen hat, die einen wirtschaftlichen Aufwand erfordern. Der Umfang seiner wirtschaftlichen Tätigkeit hängt offensichtlich vom Maße seiner Aufgaben ab. Somit verschiebt sich die Frage nach der öffentlichen Wirtschaftstätigkeit zunächst auf die Grundfrage, welchen Bereich die Staatstätigkeit überhaupt umfaßt, und noch tiefer, nach welchen Grundsätzen der Staat seine Betätigung ausrichtet. Der strenge Liberalismus hat hierauf eine sehr einfache Antwort gefunden: Der Staat hat gar keine positiven Aufgaben, wie er auch kein selbständiges Leben zu führen hat; er soll im wesentlichen nur dafür sorgen, daß das Leben der Volksgesamtheit von keinen Störungen betroffen wird. Damit wären die Aufwendungen, die ihm erwachsen, auf ein Mindestmaß beschränkt, und bei der Erlangung der Mittel hätte er so wenig wie möglich in Getriebe und Gestaltung des volkswirtschaftlichen Körpers einzugreifen.

Die lebendige Wirklichkeit hat anders entschieden. Nicht allein haben sich die negativen Aufgaben der Sicherung, die großenteils in den Gebieten des Heer-, Justiz-, Polizei- und Gesundheitswesens, sowie in der Verwaltung der auswärtigen Angelegenheiten liegen, zu einer mächtigen Fülle ausgedehnt. Daneben sind in wachsender Menge positive Aufgaben entstanden, wie im Bildungswesen, in der Sozialpolitik, im Verkehrswesen, in der Volkswirtschaftspflege. Niemals hat das Staatsleben einen solchen Reichtum an öffentlichen Einrichtungen entstehen lassen wie seit dem 19. Jahrhundert, das unter das Zeichen des Liberalismus gestellt wurde. Es ist wohl nicht zu bestreiten, daß Adolf Wagner, der Altmeister der deutschen Finanzwissenschaft, recht hatte, wenn er darauf hinwies, daß ein

Gesetz der wachsenden Staatstätigkeit herrsche, und daß in demselben Sinne ein zweites Gesetz gelte, nach dem im modernen Staat immer mehr ständige Einrichtungen getroffen werden an Stelle von Maßnahmen, die erst jedesmal im Falle der Notwendigkeit zu ergreifen wären.

Mit seiner dürren Staatsauffassung hat sich der Liberalismus also nicht durchsetzen können. Das ist ihm gerade daher nicht gelungen, weil die Auswirkung seiner Leitregeln im Volkskörper selbst den Rahmen seines Staatsbildes gesprengt hat. Denn im Mittelpunkt der liberalistischen Auffassung steht der einzelne Mensch, und das Zusammenleben, das von dem selbstbezogenen Sinnen und Trachten der einzelnen geformt wird, läßt Machtverhältnisse entstehen, die aus eben dieser Leitregel, daß nichts über das Recht des Einzelinteresses gehe, den Staat zu Schutz und Förderung veranlassen. Die Grundregel, die sich auf den einzelnen richtet, treibt aus sich Regeln für das Ganze hervor.

Für die Wirtschaft des Staates haben diese Umstände zunächst die Bedeutung, daß sie ihn zwingen, auf die Erhaltung und Verstärkung des inneren Gleichgewichts bedacht zu sein und sowohl zur Wahrung seines eigenen Wirkungsvermögens wie im Interesse der Gerechtigkeit unter Umständen seine wirtschaftliche Tätigkeit sogar in den Bereich der privaten Wirtschaft auszudehnen, indem er Produktionsarten übernimmt, die zentral durchgeführt werden können und für die Allgemeinheit von besonderer Wichtigkeit sind. Auf solche Antriebe, die mit der Bezeichnung Staatssozialismus vielfach verpönt worden sind, geht das Übergewicht der öffentlichen Hand in manchen Staaten auf den Gebieten der Verkehrswirtschaft sowie der Wasser-, Gas- und Stromversorgung zurück.

Aber die Grundsätze des Liberalismus drängten den Staat nicht nur zu Eingriffen und Einrichtungen, sondern haben auch die andere Bedeutung für seine wirtschaftliche Betätigung, daß deren Art und Umfang weitgehend vom Gesamtspiel der Einzelwillen bestimmt werden. Da diese Einzelwillen durch die allgemeine Anschauung berechtigt sind, nach dem eigenen Vorteil zu streben, kommt dieser Hang auch in ihrer Zusammenfassung, in dem öffentlichen Gemeinwesen, zur Geltung. Das so in Gesamtheiten einbezogene Vorteilsstreben, das sich am stärksten im Bemühen um Erwerbsgewinn ausdrückt, wirkt bis in die Entscheidungen über das Ausmaß und die Methoden der staatlichen Wirtschaftsführung durch. Es findet seine Form in dem parteigegliederten Parlament, seine Rechtfertigung in dem ebenfalls liberalistisch begründeten Vertrauen auf das antagonistische Kräftespiel, das durch Majorisierung oder Kompromiß zu einer Entscheidung von Optimalgeltung führen soll.

Bei den Entschlüssen über den schwierigsten Teil der öffentlichen Wirtschaftsführung, die Mittelbeschaffung, und ganz besonders bei der Steuergesetzgebung, sucht sich der privatwirtschaftliche Gesichtspunkt oft entgegen dem allgemeinen Interesse durchzusetzen, indem jede Interessentengruppe, soweit sie in der Parteigruppierung einheitlich Geltung findet, danach strebt, die Belastung von sich abzuschieben. Möglich ist sogar das Bemühen, bei dieser Gelegenheit eine wirtschaftliche Gegnergruppe durch die Verlagerung besonders zu treffen. Die neben dem Parlament als Regierungsorgane stehenden Ministerien, die entwerfen, vorschlagen und schließlich durchführen sollen, haben diesen Umständen Rechnung zu tragen. Sie werden von selbst auf eine immer größere Mannigfaltigkeit von Beschaffungsarten und -wegen gedrängt und streben einem juste milieu zu, zusammengesetzt aus den Möglichkeiten, zu denen die Punkte des schwächsten Widerstandes den Zugang offenlassen.

Freilich sind nicht alle Gebiete der öffentlichen Wirtschaft den Interesseneinflüssen von den parlamentarischen Körperschaften her in gleichem Maße zugänglich. Auch zeigt sich im öffentlichen Finanzwesen ebenso wie überall im gesellschaftlichen Leben die Kraft der Beharrung, mit der das Gewordene auf das Werden einwirkt. Aus den organisatorischen Gebilden beispielsweise, die in der privaten wie in der öffentlichen Wirtschaftssphäre des Weltkrieges entstanden, ist in Deutschland eine große Anzahl öffentlicher Wirtschaftsbetriebe herausgewachsen. Als ein nicht unerheblicher Faktor dürfte dabei allerdings der Taten- und Machtdrang der Bürokratie mitgewirkt haben. Schließlich übten in diesem Bereich natürlich auch die Umstände der Zeit ihren mächtigen Einfluß aus, indem die Notlage, in die viele große Unternehmungen nach dem Kriege gerieten, Veranlassung gaben zu besonderen staatlichen Hilfseinrichtungen und namentlich auch zu Beteiligungen der öffentlichen Gemeinwesen.

Allein auf die Gestaltung der öffentlichen Mittelbeschaffung hin besehen, führen diese Umstände bei der allgemeinen Zunahme der Staatsaufgaben zu einem umfangreichen Komplex von Arten und Einrichtungen, einem Komplex, der fast in allen Staaten der inneren Einheitlichkeit entbehrt, während seine Teile im einzelnen aufs genaueste durchgebildet sind. Die Dringlichkeit der Mittelbeschaffung und die Widerstände gegen die Methoden haben die öffentlichen Gemeinwesen fast überall dazu getrieben, in systemloser Wahl alle Finanzquellen zu erschließen, die greifbar waren. Von den vier großen Gruppen von finanziellen Beschaffungsarten, den Steuern, den Gebühren, den werbenden Betrieben und den Krediten, fehlt bei allen modernen Staaten kaum eine, wenn sie auch in verschiedenem Maße in Anspruch genommen und mit verschiedenem Glück miteinander in Verbindung gebracht werden. So hat jeder moderne Staat gewiß seine eigene finanzielle Note, aber die Systemlosigkeit der Mittelbeschaffung ist ihnen, wenn auch in verschiedenem Grade, allen gemeinsam.

Das gilt zumeist schon für die Teilgebiete und ist nirgends deutlicher als in der Zusammensetzung der Steuern, jener Formen der Mittelbeschaffung, die ebenso wie die Gebühren der öffentlichen Wirtschaft vorbehalten sind. Ihre Mannigfaltigkeit ist z. B. im Deutschen Reich der Nachkriegszeit so groß geworden, daß weder erkannt werden konnte, ob die von der finanziellen Vernunft geforderte Beschränkung auf die Heranziehung nur der freien Einkommen bei dem Erlaß der Steuergesetze irgendwie erwogen worden ist, noch ob überhaupt irgendwelche Grundsätze der Besteuerung für die Zusammensetzung der Gesamtbelastung eine Rolle spielten. Die Steuerpolitik macht den Eindruck, daß man überall angesetzt hat, wo man glaubte, nehmen zu können. Der hemmungslose Zugriff mittels Steuern war freilich um so näherliegend, als die Aufnahme von Krediten, namentlich von langfristigen Anleihen, bei der Zerrüttung der Kreditmärkte auf Schwierigkeiten stieß und die Ausdehnung erwerbswirtschaftlicher Betätigung durch werbende Betriebe der öffentlichen Hand von zweifelhaftem Ergebnis war, überdies auch in der Öffentlichkeit und in den Volksvertretungen erbittert bekämpft wurde.

Die Finanzgebarung, wie sie das Parlament zuläßt, bietet somit nicht die Gewähr, daß sie der Verteilung der Leistungsfähigkeit in der Volkswirtschaft wirklich entspricht. Andererseits spiegelt sich in der Wahl der Beschaffungsarten, im Aufbau der Steuern usw., doch zumeist in großen Zügen die Eigenart des betreffenden Volkes wider.

Es ist sicher kein Zufall, daß in der Finanzordnung Großbritanniens die Personalsteuern seit langem im Vordergrund stehen, während sie in Frankreich, dessen Bevölkerung in Fragen des Geldbesitzes einem besonders empfindlichen Individualismus huldigt, erst spät ausgebildet worden sind und auch heute noch zurückbleiben hinter weniger unbeliebten Formen von Abgaben, wie Realsteuern und Gebühren. In den Vereinigten Staaten von Amerika ist das Augenfälligste an der Führung der öffentlichen Haushalte, daß Staaten und Gemeinden es vermeiden, eigene werbende Betriebe zu unterhalten, weil hier noch die altliberale Auffassung am meisten Gültigkeit hat, wonach jede Erwerbstätigkeit der privaten Wirtschaft vorzubehalten sei.

Im Rahmen der zugelassenen und aufgenommenen Haushaltsführung erhält nun die Wirtschaft des Staates und seiner Teile in jeder Hinsicht ihr Gepräge von der Sozialwirtschaft, mit der sie sich auseinanderzusetzen hat. Je einfacher die Volkswirtschaft ist, um so bescheidener in Umfang und Form muß die Wirtschaft des Staates gehalten sein, wobei allerdings zu berücksichtigen ist, daß die Regierung eines Landes mit einfachen Wirtschaftszuständen dann gewisse höhere Wirtschaftsformen für die Finanzführung wählen kann, wenn sie sich auf den Kredit weiter entwickelter Länder stützt und ihr Land in den weltwirtschaftlichen Kapitalverkehr einbezieht, um seine Kräfte für den Austausch zu wecken. Das ist der Weg, den fast alle rohstoffreichen Staaten in Übersee eingeschlagen haben, damit ihre Gebiete die Ausstattung eines modernen Staatswesens erhielten. Das widerspricht der Notwendigkeit zur Anpassung an die Möglichkeiten des eigenen Landes nicht. Durch den Staatskredit aus dem Auslande werden diese nur vorweggenommen. Schließlich und endlich ist jede staatliche Finanzwirtschaft darauf angewiesen, ihre Kraft aus der Volkswirtschaft des eigenen Staatsgebietes zu schöpfen. Auf die Dauer macht sich doch geltend, daß die Rücksicht auf die Volkswirtschaft nicht vernachlässigt werden kann, die Rücksicht auf ihren Ertrag, auf die Verteilung, in der er sich darbietet, und auf die Wirtschaftsformen, in denen er entsteht. Im frühen Mittelalter konnte der König als Herrscher über ein Volk, das im wesentlichen in selbstgenügsamen, auf ihre eigenen Erzeugnisse angewiesenen Einheiten wirtschaftete, selbst nur in ähnlich feudaler Weise seine Wirtschaft führen. Die öffentliche Finanzwirtschaft unserer Tage trägt in demselben Sinne im ganzen wie in den Einzelheiten ihrer Durchführung den Stempel der modernen Wirtschaftsstruktur an sich. Wo der Staat die ihm vorbehaltenen Beschaffungsformen der Steuern und der Gebühren anwendet, muß er nicht nur dem Labyrinth der Ertragsbildung in der Volkswirtschaft nachgehen, um an den ergiebigen Stellen zu schöpfen — soweit sie ihm von den gesetzgebenden Instanzen freigegeben werden —, er muß auch die Nachweise der Erträge, Einkommen und Vermögen, wie die Einzelwirtschaften sie beibringen, überprüfen können. Der darauf gerichtete Apparat hat sich in alle Falten des Wirtschaftsgefüges einzuschmiegen. Für die übrigen Wege zur Erlangung der nötigen Einnahmen gilt dasselbe noch augenfälliger. Die eigenen Wirtschaftsbetriebe der öffentlichen Hand z. B. können nur bestehen, wenn sie sich ausstatten und verhalten, als seien sie Bildungen des privaten Wirtschaftskörpers. Einerlei ob es sich um Kraftwerke oder um Verkehrseinrichtungen, um Forsten oder um Banken handelt, einerlei auch, ob sie geschaffen sind, um Überschüsse zu geben oder um vorwiegend das volkswirtschaftliche Wohl zu fördern — sie müssen in Ankauf und Absatz, soweit sie mit der Sozialwirtschaft verknüpft sind, deren Gestaltung entsprechen. Wenn schließlich das öffentliche Gemeinwesen Kredite aufnimmt, so ist es auf die allgemeine Kapitalbildung angewiesen und hat sich in Formen und Bedingungen der üblichen Ordnung der Kreditmärkte zu fügen. In jedem Falle muß die öffentliche Wirtschaft zu einem Glied der Volkswirtschaft werden, wenn sie auch im ganzen ihre besonderen Zwecke verfolgt und in großen Teilen geradezu von den Erträgnissen der Volkswirtschaft lebt, soweit nämlich, wie sie die privaten Einzelwirtschaften mit Steuern und Gebühren belegt. Was die eigenen Betriebe der öffentlichen Hand und das öffentliche Schuldenwesen angeht, so ist ihr Einfluß ähnlich wie der privater Unternehmungen, aber freilich dann zwingender, wenn diese Tätigkeitsgebiete mit besonders günstigen Bedingungen ausgestattet, wenn sie mit Monopolrechten, Steuerfreiheit oder sonstigen Vergünstigungen bedacht sind, was oft zutrifft.

In dieser Hinsicht ist bemerkenswert, daß auch in die Durchführung des öffentlichen Wirtschaftsbetriebes die erwerbswirtschaftliche Denkweise in Gestalt einseitigen Vorteilsstrebens eingedrungen ist. Gerade der pflichtgetreue Beamte ist beispielsweise geneigt, in ganz ähnlicher Weise, wie es in der Privatwirtschaft geschieht, bei Verkäufen aus öffentlichem Eigentum oder bei Vergebung öffentlicher Arbeiten den Standpunkt eines wahren Gegners der andern Marktpartei zu vertreten, was bei dem Übergewicht dieses öffentlich-rechtlichen Kontrahenten zu schmerzhaften Wirkungen führen kann.

Auf derselben Grundlage wie diese bedenkliche Erscheinung steht der günstige Umstand, daß die öffentliche Wirtschaft in ihrem inneren Getriebe immer schärfer auf zweckentsprechende Organisation, Arbeitsanspannung und angemessenes Verhältnis zwischen Aufwand und Wirkung achtet. In diesen Punkten zeigt sich ebenfalls ein deutlicher Zusammenhang mit dem fortschreitenden Zweckdenken in der Erwerbswirtschaft, wenn auch deren buchhalterische und kalkulatorische Methoden nicht ganz übernommen worden sind.

Was die Bedeutung der öffentlichen Wirtschaft innerhalb der Volkswirtschaft angeht, so läßt sie sich nur an gewissen Merkmalen bezeichnen.

Für die strukturelle Würdigung sind namentlich zwei Beziehungen zur Volkswirtschaft von Bedeutung, zum ersten der Anteil der werbenden Betriebe der öffentlichen Gemeinwesen an dem gesamten Bestand der Erwerbswirtschaften, und zum andern das Verhältnis des öffentlichen Finanzbedarfs zur Gesamtheit des Volkseinkommens. Es genügt aber nicht, bloß die Betriebe als öffentliche zu bezeichnen, die völlig im Eigentum der öffentlichen Gemeinwesen stehen und öffentlich-rechtlichen Charakter tragen, man muß vielmehr, wenigstens in Deutschland, auch diejenigen privaten Unternehmungen mitrechnen, an denen die öffentliche Hand beteiligt ist, die sogenannten gemischtwirtschaftlichen Unternehmungen. Nach der Berufs- und Betriebszählung von 1925 beliefen sich die Anzahl der öffentlich-rechtlichen Unternehmungen im Gebiete des Deutschen Reiches auf 21581, die Kopfzahl ihres Personals auf 1728000, während die gemischtwirtschaftlichen Unternehmungen mit 1007 und die darin Beschäftigten mit 300000 gezählt wurden. Von der Gesamtheit der selbständigen Erwerbswirtschaften machen jene nicht mehr als 0,7%, diese sogar nur 0,03% aus. Aber 9,4% aller beschäftigten Personen sind in öffentlichen Unternehmungen tätig und mehr als 11%, wenn die gemischwirtschaftlichen Unternehmungen hinzugerechnet werden. Es sind eben Riesenbetriebe wie die Deutsche Reichsbahn-Gesellschaft und die Deutsche Reichspost darunter. Überhaupt ist das Verkehrswesen in Deutschland weitgehend verstaatlicht oder kommunalisiert, am wenigsten noch der Kraftverkehr und fast gar nicht die Schiffahrt. Im übrigen haben Staaten und Gemeinden vor allem die sogenannten Versorgungsbetriebe, d. h. die Betriebe der Wasser-, Gas- und Stromversorgung, in die Hand genommen. Der Kreis der öffentlichen Betriebsarten ist damit aber durchaus nicht abgeschlossen. Die erwähnte Entwicklung seit dem Weltkriege hat vielmehr dazu geführt, daß auf fast allen Gebieten des wirtschaftlichen Lebens eigene Betriebe und Beteiligungen der öffentlichen Hand anzutreffen sind. An der deutschen Aluminiumproduktion ist z. B. allein das Reich mit etwa 75% beteiligt, vom Grundkapital der größeren deutschen Aktienbanken (von über 10 Millionen RM. Kapital) befinden sich nach einer Rede des Reichsbankpräsidenten Schacht mehr als 70% im staatlichen Besitz.

Sorgfältiger noch als dem Ausmaß der eigentlichen Unternehmungstätigkeit von Staaten und Gemeinden ist in Deutschland der Frage nachgespürt worden, in welchem Umfange das gesamte Einkommen des Volkes von dem finanziellen Bedarf der öffentlichen Gemeinwesen in Anspruch genommen wird. Die reichsamtliche Statistik schätzt den Anteil des öffentlichen Finanzbedarfs von Reich, Ländern und Gemeinden am gesamten Volkseinkommen für 1913 auf 16,2%, für 1927 auf 30,1% und, wenn der von der Volkswirtschaft zu leistende Aufwand für die Sozialversicherung hinzugerechnet wird, für 1913 auf 18,9%, für 1927 auf 37,3%. Die Steuerlast allein wird für 1913 mit 9%, für 1927 mit 21,6% des Volkseinkommens angenommen. In der seit 1929 bemerkbar werdenden Wirtschaftskrise ist die Beanspruchung der öffentlichen Gemeinwesen, also auch der öffentliche Bedarf, im Vergleich zum Volkseinkommen noch gestiegen, so daß eine eingehende private Schätzung [1]) zu dem Ergebnis kommt, daß

[1]) F. Neumark, Schichtung und Wandlungen des deutschen Volkseinkommens in „Die Wirtschaftskurve“ Jahrgang 1933, Frankfurt a.M. 1933, S. 134 ff.

Mitte 1933 mehr als die Hälfte des gesamten Volkseinkommens durch die öffentliche Wirtschaft fließt.

Welchen Einfluß die ausgedehnte Wirtschaftstätigkeit der öffentlichen Gewalt auf die Volkswirtschaft hat, ist im einzelnen äußerst schwer nachzuweisen. Daß aber die Wirkungen überaus groß sind, kann angesichts des festgestellten Umfangs der öffentlichen Wirtschaft ganz allgemein gesagt werden. Während einerseits die Erhebung von Abgaben die Wirtschaftskraft des einzelnen Abgabenpflichtigen unmittelbar schwächt, werden auf der andern Seite die Empfänger von Besoldungen, Unterstützungen und finanziellen Hilfen aller Art ebenso unmittelbar gestärkt. Schon dadurch kommen bei der Größe dieser Vorgänge starke Beeinflussungen der Gleichgewichtsverhältnisse innerhalb der Volkswirtschaft zustande. Ihnen treten die Wirkungen zur Seite, die von den öffentlichen Unternehmungen und von dem Kapitalverkehr der öffentlichen Gemeinwesen im Wettbewerb auf die Gesamtheit der Volkswirtschaft ausgeübt werden. So ist auch durch die öffentliche Wirtschaftsführung der Grundsatz der freien Wirtschaft erschüttert worden. Wir werden sehen, daß der Staat ihn noch von einer anderen Seite her, von der Seite der Wirtschaftspolitik, in Frage stellt.

2. Der Staat für die Wirtschaft.

Kaum irgendwo und irgendwann in der neueren Geschichte hat der Staat die Wirtschaft des Volkes völlig ihrem eigenen Lauf überlassen und sich von jedem korrigierenden Eingriff ferngehalten. Auch nachdem der Grundsatz des Liberalismus zur Herrschaft gelangt war, verhielt sich die Staatsgewalt in dieser Beziehung nicht ganz passiv, sei es vielleicht zunächst auch nur insofern, daß er einzelne Bindungen und Beschränkungen in Kraft ließ, die aus der vorhergehenden Periode mit vielen andern überkommen waren. Das vertrug sich durchaus mit der maßgebenden Leitregel, der wirtschaftlichen Freiheit Raum zu geben. Gegenüber dem bisherigen Zustand weitgehender und vielartiger Bevormundung, die dem sogenannten Merkantilsystem eigentümlich ist, unterscheidet sich die neuere Wirtschaftspolitik aber grundsätzlich dadurch, daß sie nicht planvoll nach einer einheitlichen Grundauffassung über die Ziele staatlicher Eingriffe geführt wird. Die Richtschnur ist eben die Freiheit der Wirtschaft.

Wenn die Eingriffe nicht geradezu mit der Aufrechterhaltung dieser Regel begründet werden, geschehen sie nur aus besonderen Anlässen. Aber der Anlässe werden immer mehr. Die Eingriffe bleiben gewissermaßen Ausnahmen, — aber die Ausnahmen überwuchern schließlich die Regel. Aus der Wirtschaftspolitik, die nur gelegentlich Auswüchse beschneidet und schwache Gruppen stützt, wird schließlich der wirtschaftliche Interventionismus, bei dem aktive Eingriffe des Staates zur Gewohnheit werden und die notleidende Unternehmung fast ein Recht auf Hilfe beansprucht. Dieser Verlauf ergibt sich aus der allgemeinen Wirtschaftsentwicklung und findet seine Stütze in den Mächten, die für die Politik entscheidend sind. Staatswohl und Volkswille sind es, die der staatlichen Wirtschaftspolitik die Richtung weisen und bestimmen, wann Anlässe zu Eingriffen gegeben sind. Und der Volkswille, der sich in Gestalt der Parteien des Parlaments neben den andern Trägern der Regierung immer kräftiger zur Geltung bringt, spricht schließlich zumeist auch das letzte Wort in den Fragen des Staatswohles. „Es gibt keine einzige politische Idee, die im Laufe der letzten Jahrhunderte eine ähnliche Wirksamkeit ausgeübt hätte wie die Volkssouveränität“ [1]).

Im Staat des 19. Jahrhunderts, in dem die Volkssouveränität vermittels der parlamentarischen Regierungsform zur Geltung kommt, wächst, wie schon im vorigen Abschnitt angedeutet ist, durch diese Institution des Parlaments die Bedeutung des einzelwirtschaftlichen Vorteilstrebens. Die Berufs- und Erwerbsinteressen, die jedem einzelnen Staatsbürger in bestimmter Prägung anhafteten und schon in Fachvereinen und wirtschaftlichen Zweckverbänden gewisse Zusammenfassungen gefunden hatten, versuchten sich in den parlamentarischen Parteibildungen auf einer höheren Ebene durchzusetzen. Der allgemeine Konkurrenzkampf machte auch vor der Sphäre des Staatswohls nicht immer halt. Daß er sich in den Fragen der Wirtschaftspolitik besonders bemerkbar machte, ist leicht begreiflich.

Damit trat allerdings die Gefahr ein, daß die Entscheidungen nicht so sehr nach der Einsicht in die Bedürfnisse des Volksganzen getroffen wurden wie vielmehr nach der Verteilung der wirtschaftlichen Interessen in der parlamentarischen Machtgruppierung. Diese setzen sich um so reiner durch, je mehr die allgemeine Moral des

[1]) Leopold v. Ranke, Englische Geschichte, vornehmlich im 17. Jahrhundert. 4. Aufl. 1879, Band 3 S. 287.

nationalen Lebens an Kraft verliert. Glücklicherweise schweigt aber das nationale Gewissen niemals ganz, wie denn überhaupt kaum eine Partei bestehen kann ohne eine staatlich-politische Ideologie, die ihr Wollen im einzelnen Fall zu tragen und den Wählern, dem wirklichen Volk, gegenüber als Ausweis zu dienen hat. Aber die eigentlich wirtschaftlichen Zwecke wissen sich immer dringlicher darzustellen; nicht zum wenigsten wirken sie auf die Parteien sowie direkt auf die Gesamtheit der Regierung auch durch die Organisationen, in denen sie sich unmittelbar, als in Kampfgruppen des wirtschaftlichen Lebens, zusammengefügt finden.

In den einzelnen Staaten zeigt die Ausbildung politischer Parteien und die Verkörperung wirtschaftlicher Interessen in ihnen naturgemäß ganz verschiedene Ergebnisse. Eine subtile Reihe historischer Gegebenheiten strahlt in der Parteibildung zusammen, unter ihnen spielen aber wirtschaftliche Faktoren fast immer eine hervorragende Rolle. Sie gruppieren sich oft in großlinigen Interessengegensätzen grundsätzlicher Art, wie z. B. zwischen den Verteidigern der alten Grundbesitzerschicht und den Vertretern neu aufsteigender, kommerzieller und industrieller Besitzerschichten oder zwischen Verfechtern von Unternehmerinteressen und Repräsentanten der Arbeiterbestrebungen. Dabei können die letzten Motive, die die Haltung der Parteien bestimmen, durchaus allgemein weltanschaulicher Natur sein. Es brauchen nicht immer die Fragen des nackten Gruppenvorteils unmittelbar die Beweggründe zu liefern. Sehr oft ergibt sich aber ein Zusammenklang von Weltanschauung und Vorteil; denn Umwelt und Herkommen pflegen einen wesentlichen Anteil an dem Entstehen einer Weltanschauung zu haben. Wie dem auch im einzelnen Falle sei, es konnte sich in der zweiten Hälfte des 19. Jahrhunderts keine politische Partei der grundsätzlichen Stellungnahme zu den wirtschaftlichen Problemen entziehen. Auch solche mit rein weltanschaulichen Programmen, wie beispielsweise das kirchlich ausgerichtete deutsche Zentrum, mußten sich für bestimmte Linien der Politik gegenüber der Volkswirtschaft entscheiden. Ja, die Aufgaben der Wirtschafts- und Sozialpolitik überwiegen schließlich alles andere bei allen Parteien; denn in ihnen sind die Dinge des Alltags enthalten, die Sorgen und Hoffnungen, in denen das Volk lebt und leidet.

Die Ausdehnung der Wirtschafts- und Sozialpolitik ist in der ganzen Kulturwelt nachzuweisen. In Deutschland hielt sich die Wirtschaftspolitik bis über die Jahrhundertwende hinaus von der direkten Beeinflussung der Produktion zurück und befaßte sich im wesentlichen mit den Gebieten des Verkehrs und des Handels, während die Sozialpolitik, die durch Beschränkung von Betriebszeiten und durch andere Vorschriften allerdings auch in die Produktion eingreift, sich in der Hauptsache auf den persönlichen Schutz von Frauen und Kindern sowie besonders gefährdeten Berufsgruppen beschränkt. Erst im letzten Menschenalter, und ganz besonders seit dem Weltkriege, geht die Politik der Hilfen für die Volkswirtschaft und für Arbeiter und Angestellte in die Breite. Daß die ungemeine Verstärkung der Wirtschaftspolitik, die während des Weltkrieges infolge der völlig veränderten Beanspruchung von Menschen und Gütern nicht nur in den kriegführenden Staaten geradezu die Form einer Organisation des Wirtschaftslebens annahm, auch nach dem Kriege, wenn auch vielfach in anderer Weise sich fortsetzt, hat seine sachlichen Gründe in der Zähigkeit, mit der die entstandenen Formen und Ideen sich zu behaupten trachteten, und in dem Zustand der Auszehrung und Zerrüttung, in dem sich viele Länder, namentlich Deutschland, befanden. Die staatlichen Gewalten konnten und wollten ihre Hand nicht ganz aus der Volkswirtschaft herausziehen. Aber eine wirkliche Planwirtschaft wurde doch nicht daraus. Die Grundsätze des freien persönlichen Erwerbsstrebens setzten sich immer wieder durch, bewältigten auch die neuen Formen und Methoden der staatlichen Intervention, wußten sie vielfach als Mittel zu benutzen und verstärkten letzten Endes das Übergewicht der wirtschaftlichen Zwecke in der Politik. Auf diese Weise wird die Tendenz zur Ausbreitung des besonderen Denkens und Strebens, das der modernen Wirtschaftsweise anhaftet, durch den Weltkrieg nur noch wirksamer gemacht.

Die Wirtschaftpolitik gerät nach dem Zwischenspiel der Kriegszeit wieder in den Zustand der Regellosigkeit, in dem ihre Ziele nicht aus einer grundsätzlichen Anschauung erwachsen, sondern aus dem Komplex der wirtschaftlichen Interessen und der auch auf die Staatsmoral wirkenden Gewalt des kapitalistischen Geistes selbst, der alles Nützliche und Greifbare ins helle Licht der Erkenntnis und des Wunsches gerückt hat. Für den Staat kann es verhängnisvoll werden, wenn das in Gruppen gefaßte Streben nach persönlichen Vorteilen zu einseitigen Bevorzugungen in der Wirtschaftspolitik führt und überdies auch auf andern Gebieten der Politik die Begriffe und Methoden des erwerbswirtschaftlichen Denkens sich zur Geltung zu bringen wissen. Und gerade diese Gefahren sind bei der Struktur der parlamentarischen Regierungsform außerordentlich groß. Sie sind nur so lange gebannt, wie sich in einem solchen System Persönlichkeiten mit wahrhaft staatsmännischem Denken durchzusetzen wissen, was insbesondere die Frage bedeutet, ob der neben dem Parlament stehende leitende Staatsmann die Größe und die Kraft besitzt, sein auf das Gesamtwohl in alle Zukunft gerichtetes Wollen zur Tat werden zu lassen. Aber immer bleibt die Gewalt der wirtschaftlichen

Rücksichten groß. Auch der größte Staatsmann wird Mühe haben, sie in Schranken zu halten; denn das äußere Dasein ist mit wirtschaftlichen Dingen ausgefüllt, die, unter der Herrschaft der liberalistischen Idee zu riesigem Umfang in verwickelten Formen und Verbindungen aufgewachsen, nicht nur den Rang hoher Lebenswerte erhalten haben, sondern auch in ihrem eigenartigen dynamischen Wesen fortwährend der Veränderung und sogar Ausdehnung bedürfen.

Diese Dynamik ist es gerade, die dazu geführt hat, daß auch das Feld der großen Politik, im besonderen der Außenpolitik, immer mehr von wirtschaftlichen Gesichtspunkten sein Gepräge bekommen hat. Zwar sagt Bismarck gelegentlich einmal: „Auswärtige Politik und wirtschaftliche Angelegenheiten dürfen nie miteinander verquickt werden“ [1]). Er selbst hat es jedoch noch erlebt, daß sich die wirtschaftlichen Interessen und Bestrebungen in fast alle Fragen der auswärtigen Angelegenheiten hineindrängen. Was auch immer in den Untergründen der Außenpolitik stecken mag, auch die Tatsachen des Gleichgewichts unter den Mächten des Erdballs, die Bewegungen zur Machtvergrößerung, die Fragen der Sicherheit — nichts bleibt von der Expansionskraft des Wirtschaftlichen unberührt. In der Vielschichtigkeit und Unwägbarkeit der politischen Materie ist der Umstand der Wirtschaftsinteressen vielfach der greifbarste Bestandteil. Etwa seit den achtziger Jahren des 19. Jahrhunderts nimmt die Kolonialpolitik der europäischen Mächte einen neuen Aufschwung und lebt jene Ausdehnungspolitik auf, die man mit dem Namen des Imperialismus belegt hat. An beiden Vorgängen ist das Wirtschaftliche hervorragend beteiligt. Das Streben nach dem Besitz von Rohstoffquellen und nach Sicherung von Absatzgebieten, der Drang, fremde Gebiete für die Anlage von Kapital zu erschließen, sind sichtbare Motive für außenpolitische Bemühungen. Wenn auch daneben mancherlei andere Anlässe vorhanden sind, wie z. B. Bevölkerungsdruck und Rivalitätsregungen, und wenn auch das Leben großer staatlich geformter Nationen überhaupt nicht ohne solche Machtäußerungen gedacht werden kann, so läßt sich doch die Zunahme des wirtschaftspolitischen Einschlags nicht verkennen. Und zwar wirkt der wirtschaftliche Bestandteil in der staatlichen Machtpolitik ebensosehr als Besitzdrang mit fernen, oft unscharfen Zielen, die in Möglich-

---

[1]) Zu Hermann Hofmann, dem Chefredakteur der Hamburger Nachrichten. Vgl. Bismarck-Brevier herausg. v. Wilhelm Schüssler, Leipzig 1933, S. 19.

keiten oder Vorstellungen die Wünsche erregen, wie als Antrieb zu solchen politischen Erwerbs- oder Schutzmaßnahmen, die unmittelbar den Bedürfnissen der Industrie, des Handels oder der Landwirtschaft entgegenkommen. Die ganze imperialistische Politik ist — wie schon ihre wirtschaftlichen Motive ins Ungewöhnliche und manchmal Phantastische reichen — in Zwecken und Mitteln unübersehbar weit ausgedehnt und trotz ihres wirtschaftlichen Kerns mit den Formeln der nüchternen Ertragsberechnung keineswegs ganz aufzulösen. Auf diesem Felde idealisiert sich in den letzten zwei Menschenaltern die Wirtschaftspolitik zur großen Staatspolitik. Ihre Durchführung und ihre praktischen Ergebnisse haben naturgemäß einen entscheidenden Einfluß auf die Gesamthaltung der staatlichen Mächte; sie sind eine Hauptursache der Spannungen und Verbindungen und stehen in engster Beziehung zu der ganzen Frage des empfindlichen weltpolitischen Gleichgewichtes.

Von der Seite der Volkswirtschaft gesehen, ist weder der Staatsinterventionismus, der die Neigung zu Regulierungen und aktiven Unterstützungen wirtschaftlicher Verhältnisse im Innern bezeichnet, noch der Drang zur wirtschaftlich getönten Machtausdehnung über die Staatsgrenzen hinaus, der Imperialismus, notwendig immer auf das Heil des ganzen Wirtschaftskörpers ausgerichtet. Wenn auch naturgemäß in der Staatspolitik die Einstellung auf das Ganze des Volkes niemals ganz fehlt, so kann sie doch stark abgelenkt werden von den Umständen, welche die politischen Handlungen veranlassen. Selbst dann beispielsweise, wenn Notzustände großer Unternehmungen mit zahlreichen Arbeitern oder vielseitigen Kapitalverknüpfungen die Veranlassung zu Eingriffen geben, wie es nach dem Kriege vielfach geschehen ist, selbst dann können die helfenden Maßnahmen schließlich zu ungunsten der Volkswirtschaft ausschlagen, insofern nämlich erhebliche Kapitalien der lebendigen Fortbildung des Wirtschaftskörpers entzogen werden und ein kleiner Teil der Volkswirtschaft im Funktionszusammenhang des Ganzen eine künstliche Verstärkung, vielleicht sogar ein starres Übergewicht erhält. Mindestens ebenso verhängnisvoll aber sind die Folgen, wenn es einer günstigen Lagerung von Interessen in wirtschaftlichen Organisationen und Parteien gelingt, bestimmten Wirtschaftsgruppen eine besondere Berücksichtigung in der inneren oder äußeren Politik zu verschaffen. Solange solche Bedingungen gelten, bleibt das im Zusammenklang aller Teile begründete Wohl der Gesamtheit fraglich. Auch die zu allen Zeiten üblichen Mittel der Wirtschaftspolitik, wie Zölle und Steuern, führen in dem Maße zu bedenklichen Ergebnissen, wie in ihnen einseitige Interessenbestrebungen zur Geltung kommen. Es ist aber nicht zu leugnen, daß diese Möglichkeiten in fast allen modernen Staaten in nicht geringem Umfange zur Tatsache geworden sind.

Der moderne Staat ist, von den demokratisch-parlamentarischen Gewalten geformt und auf jene Weise sich auswirkend, geradezu mit wirtschaftlichen Interessen geladen. Er sieht sich durch seine eigene Wirtschaft, ferner durch seine Subventionen und Beteiligungen und schließlich durch sein Interesse an den weltwirtschaftlichen Erfolgen seiner Bürger hineingezogen in die Sphäre der modernen Wirtschaft und durchdrungen von ihren Ideen und Strebungen. Die Staatspolitik ist — in diesem Sinne — vielfach soweit Wirtschaftspolitik geworden, daß dieses Zweckwirken innerhalb der Gesamtpolitik kaum mehr gesondert betrachtet werden kann und die Frage entsteht, ob noch ein reines staatliches Wollen über der Wirtschaftssphäre in Kraft ist.

3. Der Staat über der Wirtschaft.

Nach dem Weltkriege und besonders seit der etwa 1929 beginnenden Weltwirtschaftskrise ist fast in allen Kulturstaaten das Verhältnis zwischen Staat und Wirtschaft im Grunde das gleiche geworden, soviel Unterschiede auch das wirtschaftliche Schicksal der verschiedenen Staaten in den letzten Jahrzehnten aufweist. Überall ist der Interventionismus entwickelt worden, findet sich der Staat zwangsmäßig und gesinnungsmäßig mit dem Wohl und Wehe seiner Volkswirtschaft so vielartig und eng verknüpft wie nie zuvor. Wie schon seit langem kein großer Staat auf wirtschaftlich imperialistische Politik verzichtete, hat sich neuerdings auch keiner ferngehalten von Interventionen im Innern, von Unterstützungen jeder Art, so daß schließlich nicht nur Staatsschicksal und Wirtschaftsschicksal, sondern auch Staatsgeist und Wirtschaftsgeist in vielartiger Durchwirkung miteinander verbunden sind.

Diese selben Jahrzehnte aber, die, beginnend mit der von ungeheuren physischen, seelischen und sachlichen Anstrengungen erfüllten Kriegszeit, die Wirtschaft in der ganzen Welt verwirrt und wirtschaftliche Fragen zur höchsten Evidenz gebracht haben — diese selben Jahrzehnte haben auch die Besinnung über die Bedeutung des herrschenden Wirtschaftssystems geweckt und seine Mängel deutlich werden lassen. Vielerorts sind sogar Ideale aufgekeimt, die sich mit Nachdruck gegen die gegenwärtige Wirtschaftsordnung einsetzen. Überall, wo die neue Kritik sich erhebt, verwirft sie den alten Ausgangspunkt des individuellen Wohls und will sogleich von dem Ganzen, von der Gesamtheit des Volkes aus ihre Fragen stellen und ihre Forderungen erheben. Die neue einstellung ist staatspolitisch, vielfach nationalpolitisch gerichtet. Indem das staatlich geordnete Volk in den Mittelpunkt des Denkens und Strebens rückt, wird das ganze staatsbürgerliche Leben unter einem andern Gesichtswinkel gesehen. Alle Verhältnisse der einzelnen erhalten ihre Bedeutung und vielfach auch erst ihre Ordnung von der Volksgesamtheit her, die ihrerseits auch den Tatbeständen Staat und Wirtschaft ihren neuen Sinn gibt. Dabei erscheint die enge Verwobenheit von Staat und Wirtschaft, so wie sie bis heute gediehen ist, um so weniger schätzenswert als in dieser Verbindung die Wirtschaft und ihre aus dem Erwerbskampf sich verdichtenden Bestrebungen bislang die Führung hatten, während der Staat in die Passivität gedrängt erschien und sogar in Gefahr kam, in dem fortschreitenden Vorgang der Durchdringung mit den Tendenzen und der Denkweise der modernen Wirtschaft an Rang und Würde immer mehr einzubüßen. Als Machtform des Volkes soll der Staat jedoch allen wahren Zwecken des Volkslebens entsprechen und diesem in alle Zukunft möglichst große Entfaltung und Sicherheit gewähren. Das Wirtschaften ist nur eine der Lebensäußerungen des Volkes. Wenn es auch als notwendige Fürsorge des äußeren Lebens sich vordringlich wichtig geben muß, erhebt sich vom Boden der neuen Anschauung doch die Forderung, daß dem Prozeß der Überwucherung aller Lebensgebiete mit dem fessellosen Geist der Wirtschaft Einhalt geboten, die Wirtschaft in ihre Schranken verwiesen und in eine geregelte Beziehung zu den übrigen Lebensgebieten des Staatsvolkes gebracht wird. *Der erste Rang gebührt dem Volk, der Staat ist seine Machtform, die Wirtschaft nur eine seiner Lebensäußerungen,* das etwa drückt den Sinn der neuen Beziehungen aus, soweit er sich überhaupt in eine so kurze Formel fassen läßt.

Es ist im Rahmen dieser engbegrenzten Abhandlung selbstverständlich unmöglich, auch nur einigermaßen genau auf die Ausgestaltungen einzugehen, die diese Grundideen in der Gegenwart gefunden haben. In vielen Ländern haben sie überhaupt noch nicht Gestalt gewonnen, und es ist fraglich, was in diesen, wo sich der formgebende große Staatsmann noch nicht gefunden hat, aus dem Zustand der Verwirrung von Staat, Volk und Wirtschaft herausgären wird. Die vorliegende Darstellung hält sich, soweit sie ins einzelne geht, an die Gestaltungen, wie sie im Dritten Deutschen Reich geschaffen oder angebahnt worden sind.

Die Sehnsucht nach einem andern Rang und nach einer neuen Ordnung der Wirtschaft ist von den Umständen der Zerrüttung und Veränderung seit dem Weltkriege zwar mächtig angefacht worden, aber ihr zeitlicher Ursprung liegt früher. Abgesehen von den Doktrinen des Sozialismus ist der erste Einfluß auf die Umwertung der geltenden sogenannten kapitalistischen Wirtschaftsform in den europäischen Ländern ausgegangen von der Jugendbewegung, die sich seit Jahrzehnten entfaltete. In Deutschland sind der bündischen Jugend, die zuerst als freideutsche Jugend im Jahre 1913 deutlich in Erscheinung trat, obwohl sie in viele Gruppen zerfiel, zum mindesten zwei Grundgedanken gemeinsam, die für die Zukunft der Wirtschaftsgestaltung erheblich sind, nämlich der der Abkehr von der Künstlichkeit und Wirrnis des modernen, namentlich des städtischen Lebens, als dessen Grundlage die moderne Wirtschaftsweise angesehen wurde, und der andere der Hinwendung zu einer autoritären Bindung. Wenn sich auch beide Jdeen nur auf die eigene Lebensgestaltung der Jugend bezogen, so zeigten sie sich doch geeignet, einen Beitrag für eine neue Haltung gegenüber Staat und Wirtschaft abzugeben. Ihre Kraft ist begreiflich, wenn beachtet wird, daß 1932 in Deutschland schätzungsweise mehr als 60% aller Jugendlichen bündisch organisiert waren. Mit diesen Strömungen verbanden sich die andern großen Volksbewegungen, die aus den Erlebnissen des Weltkrieges und des bösen Schicksals der Deutschen Nation heraus auf eine Neugestaltung von Volk, Staat und Wirtschaft hinstrebten. Die Wirtschaftskrise brachte schließlich die Auslösung der allgemeinen Verzweiflung, an deren Höhepunkt die umgestaltende Tat Adolf Hitlers mit ungeahnter Kraft einsetzte.

In der Besinnung auf seine innerste Aufgabe sucht der Staat die ganze Weite seiner Zwecke wieder zu gewinnen. Die Wirtschaft, ihr Denken und Zielen, stellt nicht mehr die Dominante der Staatspolitik dar, so überragend wichtig ihre Pflege auch bleibt. Der Umstand, daß sich das Wirtschaftsleben in schwerer Erschütterung befindet, sorgt dafür, daß die Wichtigkeit dieses Zweckgebietes nicht übersehen wird. Aber wie die Politik nicht mehr aus dem Geist der Wirtschaft geführt werden soll, so sucht man ihr Ziel nicht mehr eigentlich in der bestehenden wirtschaftlichen Lagerung. Auf das Volk selbst wird sie ausgerichtet. Der Mensch wird wieder in den Mittelpunkt gerückt, allerdings nicht der einzelne Mensch, sondern die Menschengemeinschaft des Volkes.

Eine ähnliche Leitregel kannte der Staat bisher nur nebenbei, nur als Ergänzung zu seiner Wirtschaftspolitik, nämlich als Sozialpolitik und Mittelstandspolitik, die versuchen sollten, die ärgsten Folgen des wirtschaftlichen Geschehens auszubessern. Eine solche

Abwandlung der Wirtschaftspolitik zur Volkspolitik, für die zunächst in Deutschland und in Italien die stärksten Ansätze vorliegen, trägt notwendig sozialistische Züge. Indem nämlich als Leitmotiv für alle wirtschaftlich wirkenden Maßnahmen das Gedeihen der Volksgesamtheit gilt, sieht sich das Wohl des einzelnen zurückgesetzt und muß u. U. sogar die Entfaltung günstiger Lagen einzelner gehindert werden, und zwar soweit sie auf Kosten des Gemeinwohls vor sich geht. In Italien wie in Deutschland sind deshalb Berufsstände und andere wirtschaftliche Gruppen zusammengefaßt worden in straffen Organisationen, die Übersicht und einheitliche Behandlung ermöglichen. Wieweit die Vereinheitlichung und überhaupt die obrigkeitliche Regelung grundsätzlich gehen soll, ist noch nicht klar zu erkennen. Dem Grundsätzlichen geht zunächst noch die notwendige Bekämpfung der wirtschaftlichen Notlage vor. Manche Produktionsbeschränkungen und Preisvorschriften haben nur in dieser ihren Grund, andererseits unterbleiben offensichtlich auch manche in der bezeichneten Linie liegenden Maßnahmen mit Rücksicht auf die Krisenlage. Beide Umstände müssen aber die zukünftige Gestaltung beeinflussen, weil sie die Grundlagen verändern, auf denen jene zu bauen hat. Es ist daher weder möglich, noch wäre der Versuch überhaupt hier angebracht, mehr Linien in die Zukunft zu ziehen. Das war gerade der Mangel alter sozialistischer Pläne, daß sie zu absolut gehalten, zu sehr konstruiert und daher lebensfern waren. Eine lebendige Umbildung wird immer an das Gewordene anknüpfen und überdies mit der Kraft von Bewertungen und Wünschen rechnen müssen, die die Allgemeinheit, das Volk, beseelen.

Was zur Zeit deutlich als Inhalt der deutschen Bemühungen um den Wirtschaftsumbau feststellbar ist, ergibt sich aus der Polarität der beiden Leitgedanken, daß einerseits die Bemeisterung des wirtschaftlichen Lebens im Sinne einer Ausrichtung des Geschehens auf das Gemeinwohl, andererseits die Aufrechterhaltung der Selbstverantwortung und des Wettbewerbs anzustreben sei. Der Wettbewerb wird also unter andere Bedingungen gestellt; er soll nicht mehr dazu führen, daß einzelne Übermacht gewinnen und für sich ausnutzen, jedoch soll er seine gute Wirkung bewahren, nämlich alle Kräfte in der Volkswirtschaft angespannt erhalten, damit das Volk in erfolgreicher Arbeit die bestmögliche Bedarfsdeckung bewahrt. Herausgelöst aus der allgemeinen Verflechtung des freien Wettbewerbs ist das Bauerntum, indem dafür besondere Preis-,

Kapitalverkehrs- und Vererbungsvorschriften erlassen worden sind. Bekämpft werden Dünkel und Neid, die sich im bisherigen Denken aus der Gegensätzlichkeit der Wirtschaftsinteressen und der Verschiedenheit der Verteilung der Wirtschaftsmacht ergaben und das Volk zerklüfteten. Am nachdrücklichsten sucht man den unvermeidlichen Spannungsverhältnissen die Schärfe dort zu nehmen, wo sie sich für das Volk am schmerzlichsten geltend macht, im Arbeitsverhältnis. Arbeitgeber und Arbeitnehmer sind organisatorisch und rechtlich zusammengeschlossen und auf Einvernehmen verwiesen. Allgemein wird die Idee der organischen Zusammengehörigkeit des ganzen Volkes auch in der Wirtschaft zur Geltung gebracht. Der ungehemmte Eigennutz soll einem neuen Ethos weichen. Nichts ist wichtiger für die Gestaltung der neuen Wirtschaft als die Pflege einer neuen Gesinnung, einer Gesinnung der Verbundenheit.

Damit wird der Grundgedanke der Wirtschaftsharmonie aus Eigennutz aufgegeben, weil man nicht mehr an ihn glaubt. An seine Stelle tritt der Gedanke, eine Harmonie des ganzen Volkslebens und in ihm auch des Wirtschaftsverlaufs durch richtige Führung zu erreichen. Das liegt in der Entwicklungsrichtung des allgemeinen Empfindens, das von der Undurchsichtigkeit und Regellosigkeit, der Herrschaftsgewalt und Fühllosigkeit der bisherigen Wirtschaftsordnung im tiefsten beunruhigt war. Allerdings wird die Volkswirtschaft auch in Zukunft nicht einfacher. Gerade der Umstand, daß die moderne Volkswirtschaft so verwickelt und lebensmächtig geworden ist, macht die Aufgabe der Umgestaltung so schwierig. Sie ist um so schwieriger, als ihr Gegenstand, weil er eingebettet ist in den Wirtschaftszusammenhang der ganzen Welt, nur zum Teil unmittelbaren Eingriffen des Staates offen steht, während die über die Grenzen hinausreichenden Beziehungen des Handels, des Kapital- und Menschenverkehrs jeweils mindestens zwei Herrschaftsbereichen angehören, zu ihrer Regelung also der Zustimmung anderer Staaten bedürfen. Allein auf sich selbst kann eine moderne Volkswirtschaft nicht stehen, wenn auch in der Regel eine bewußte Entwicklung in der Richtung auf größere Selbständigkeit möglich ist.

Nur kurz hingewiesen sei auf die Umbildungsvorgänge, die in Rußland, den Vereinigten Staaten, der Türkei und andern Ländern sich vollziehen. Wenn sie auch z. T. von der Wirtschaftskrise veranlaßt wurden, so steckt doch vielfach auch die weiterreichende Absicht der betreffenden Staaten dahinter, ihre Volkswirtschaften grundsätzlich umzuformen und soweit wie möglich in der Hand zu behalten.

Infolge solcher Bestrebungen und Notwendigkeiten werden die Züge der Wirtschaftsstruktur sich ändern. Schon jetzt ist in Deutschland aus dem mächtigen Willen, die Mängel zu beseitigen und die Wirtschaft dem Volk und dem Staat im neuen Sinne dienstbar zu machen, manches geschehen, was das Bild der neuen Wirtschaftsstruktur mit bestimmen wird. Wir sind jedoch noch in der Zeit des Überganges. Der Staat hat sich schon über die Wirtschaft erhoben, aber die Auseinandersetzung mit ihr ist noch nicht beendet.

Bücher-Verzeichnis.

Eine Auswahl von Werken, die für den Gegenstand als Ganzes von Bedeutung sind.

Ausschuß zur Untersuchung der Erzeugungs- und Absatzbedingungen der deutschen Wirtschaft.
Verhandlungen und Berichte des I. Unterausschusses (Allgemeine Wirtschaftsstruktur) 2. Arbeitsgruppe Bd. 1 und 2, 3. Arbeitsgruppe I. bis IV. Teil. Berlin 1930.

Bonn, Moritz Julius, Das Schicksal des deutschen Kapitalismus. 5. Aufl. Berlin 1930.

Bücher, Karl, Die Entstehung der Volkswirtschaft. 1. Sammlung 18. Aufl. Tübingen 1926, 2. Sammlung 8. Aufl. Tübingen 1925.

Fried, Ferdinand, Das Ende des Kapitalismus. Jena 1931.

Friedjung, Heinrich, Das Zeitalter des Imperialismus. 3 Bände. Berlin 1919/22.

v. Gottl-Ottlilienfeld, Friedrich, Bedarf und Deckung. Jena 1928.

—, Wirtschaft als Leben. Jena 1925.

Grundriß der Sozialökonomik. IX. Abt. Das soziale System des Kapitalismus. I. und II. Teil. Tübingen 1926/27.

Gruntzel, Josef, Das Wesen der Wirtschaftsordnung. Berlin 1932.

Halm, Georg, Die Konkurrenz. München und Leipzig 1929.

Jostock, Paul, Der Ausgang des Kapitalismus. München 1928.

Kapital und Kapitalismus. Herausgeg. v. Bernhard Harms. 2 Bände. Berlin 1931.

Lehmann, M., Freiherr vom Stein. 3. Aufl. Göttingen 1928.

Mitscherlich, Walter, Der wirtschaftliche Fortschritt. 2. Aufl. Leipzig 1923.

Müller-Armack, Alfred, Entwicklungsgesetze des Kapitalismus. Berlin 1932.

Muhs, Karl, Anti-Marx. Jena 1927.

Passow, Richard, Die Aktiengesellschaft. 2. Aufl. Jena 1922.

v. Philippovich, Eugen, Die Entwicklung der wirtschaftspolitischen Ideen im 19. Jahrhundert. Tübingen 1910.

Pohle, Ludwig, Art. Kapitalismus im Handwörterbuch der Staatswissenschaften. 4. Aufl. Jena 1923.

—, Kapitalismus und Sozialismus. 4. Aufl. Herausgeg. v. G. Halm. Berlin 1931.

Preiser, Erich, Gestalt und Gestaltung der Wirtschaft. Tübingen 1934.

Ritschl, Hans, Gemeinwirtschaft und kapitalistische Marktwirtschaft. Tübingen 1931.

Schack, Herbert, Wirtschaftsformen, Grundzüge einer Morphologie der Wirtschaft. Jena 1927.

Schmalenbach, Eugen, Grundlagen der Selbstkostenrechnung und Preispolitik. 3. Aufl. Leipzig 1930.

—, Die Betriebswirtschaftslehre an der Schwelle der neuen Wirtschaftsverfassung. Ztschr. f. handelswiss. Forschung. Leipzig 1928.

Schmitt, Carl, Der Begriff des Politischen. Neue Ausgabe. Hamburg 1933.

Schriften des Vereins für Sozialpolitik. Nr. 172, Verhandlungen in Wien 1926 (u. a. Krisis der Weltwirtschaft). München u. Leipzig 1926. Nr. 175, Verhandlungen in Zürich 1928 (u. a. Wandlungen des Kapitalismus). München u. Leipzig 1929.

v. Schulze-Gaevernitz, Gerhard, Britischer Imperialismus und englischer Freihandel. 2. Aufl. 1916.

Schumpeter, Josef, Theorie der wirtschaftlichen Entwicklung. 2. Aufl. München u. Leipzig 1926.

Somary, Felix, Wandlungen der Weltwirtschaft seit dem Kriege. Tübingen 1929.

Sombart, Werner, Der moderne Kapitalismus. 7. Aufl. 2 Bände in 3 Teilen. München u. Leipzig 1928.

—, Dasselbe, 3. Band. Das Wirtschaftsleben im Zeitalter des Hochkapitalismus. 2. Teile. München u. Leipzig 1927.

—, Die Ordnung des Wirtschaftslebens. 2. Aufl. Berlin 1927.

Spann, Othmar, Der wahre Staat. 2. Aufl. 1923.

Weber, Adolf, Volkswirtschaftslehre. 1. und 2. Band. München u. Leipzig 1932.

—, Ende des Kapitalismus? 3. Aufl. München 1930.

Weber, Max, Wirtschaft und Gesellschaft 2. Aufl. 2 Halbbände. Tübingen 1925.

Sachverzeichnis.

FSC
www.fsc.org
MIX
Papier | Fördert
gute Waldnutzung
FSC® C083411

Kolibri 360 GmbH
Ferdinand-Jühlke-Straße 7
99095 Erfurt, Deutschland
produktsicherheit@kolibri360.de